Roland Kaltenegger

Oberst
Franz Pfeiffer

Roland Kaltenegger

Oberst Franz Pfeiffer

Vom Kommandoführer der „Brandenburger" zum Geheimnisträger des Reichsbankschatzes

FLECHSIG

Umwelthinweis:
Dieses Buch und der Umschlag wurden auf chlorfrei gebleichtem Papier gedruckt.
Die Einschrumpffolie – zum Schutz vor Verschmutzung – ist aus umweltverträglichem und recyclingfähigem PE-Material.

Für das vorliegende Werk wurde Bildmaterial aus unzähligen Nachlässen zusammengetragen. Dabei war es oft schwierig festzustellen, wer der Inhaber des Urheberrechts ist. Sollte bei der einen oder anderen Reproduktion unwissentlich das Coypright verletzt worden sein, so bitten Autor und Verlag, dieses Versäumnis zu entschuldigen.
Eine Haftung des Autors oder des Verlages und seiner Beauftragten für Personen-, Sach- und Vermögensschäden ist ausgeschlossen.

Flechsig Verlag
Internet: www.verlagshaus.com
Einbandgestaltung: Silberwald Agentur für visuelle Kommunikation, Würzburg
Gesamtherstellung: Himmer AG, Augsburg
ISBN 978-3-8035-0042-7

Inhalt

Prolog

Das „Reichenhaller Tagblatt" berichtete am 14. Juli 1941, dass der Hauptmann Franz Pfeiffer am 6. April 1941 an der Spitze des Pionierstoßtrupps die als „Fleckenberg" bezeichnete Höhe südlich der Bergfestung „Istibei" in der stark ausgebauten griechischen „Metaxaslinie" stürmte. Dann stand zu lesen:

„Bei dem Angriff auf den festungsartig mit stärksten Bunkern und unterirdischen Anlagen ausgebauten Eckpfeilern der griechischen Rupelpassstellung war Hauptmann Pfeiffer als Führer der schweren Bunkerbekämpfungswachen eingeteilt. Er hat seine Waffen in wirksamster Schussentfernung ungeachtet des feindlichen Maschinengewehrfeuers vorgebacht und eingewiesen, dann in einer geradezu idealen Weise die Bunker, auf die die Artillerie sonst keine Wirkung hatte, zum Schweigen gebracht. So kam es zu dem Erfolg der 11. Kompanie, sie konnte einen Bunker aufsprengen und die anderen zehn von außen besetzen und die Scharten verdemmen. Die Schlüsselstellung zum Angriff auf das Hauptwerk Arpaluki war damit in eigener Hand, damit die Möglichkeit, das Werk an der schwersten Stelle zu fassen."[1]

Für diese herausragende Waffentat wurde Franz Pfeiffer am 13. Juni 1941 als Chef der 15. Kompanie des Gebirgsjägerregiments 100, welches der 5. Gebirgsdivision des charismatischen Generals Julius Ringel unterstellt war, mit dem Ritterkreuz des Eisernen Kreuzes ausgezeichnet.

Das Münchner „Kindl“

München – zum einen in verkehrsgünstiger Lage am Schnittpunkt internationaler Bahnlinien und Autostraßen und zum anderen am nördlichen Alpenrand in unmittelbarer Nähe der oberbayerischen Seen zu beiden Seiten der Isar gelegen – war sowohl in der Vergangenheit als auch in heutiger Zeit eine südländisch geprägte Metropole Bayerns, ja Deutschlands. 1158 durch den Welfenherzog Heinrich den Löwen gegründet, wurde die herzogliche Münzstätte urkundlich 1214 als Stadt erwähnt. Im 14. Jahrhundert umgab Ludwig der Bayer das aufwärts strebende Zentrum zwischen dem Isar- und dem Neuhauser-, dem Sendlinger und dem Schwabinger Tor mit einem zweiten Mauerwall. In seinem Schutze entwickelte sich der wittelsbachische Voralpensitz bis zum Ende des 18. Jahrhunderts zu einer gewerbetüchtigen Bürgerstadt.

Mehr noch: Unter den kunstverständigen und weitblickenden Herzögen, Kurfürsten und Königen der Wittelsbacher entfaltete sich München einerseits zu einer weltoffenen Kultur- und Kunststadt, die später zur größten Universitätsstadt Deutschlands aufstieg, und andererseits zu einer wehrhaften Garnison, denn genauso alt wie die Isarmetropole ist auch die Geschichte ihrer Wehranlagen.

Hier erblickte am 23. Oktober 1907 in Sichtweite der mächtigen Trutzburg der Alpen Franz Wilhelm Pfeiffer als ein Prachtkerl von einem Münchner „Kindl“ das Licht der Welt als einziger Sohn der Gastwirtseheleute Korbinian und Anna Pfeiffer. Sein Vater fiel als Unteroffizier des 1. bayerischen Reserveinfanterieregiments am 9. April 1917 bei Arras. Seine Mutter starb im März 1956, nachdem sie die militärische Laufbahn ihres Sohnes mit seinen kühnen Kommandounternehmen oft mit banger Sorge verfolgt hatte.

Nach fünf Jahren in der Volksschule folgten drei Jahre auf der Mittelschule, die der Jüngling jedoch verlassen musste, um in der Holzwarenfabrik seines Stiefvaters einen Beruf zu erlernen. Sein eigentlicher Berufswunsch war die mittlere Forstlaufbahn, die durch den Verlust des ganzen Vermögens, das komplett als Kriegsanleihe gezeichnet war, und durch die nachfolgende Inflation nur mehr ein Jugendtraum blieb.

1932 heiratete Franz Pfeiffer die Gastwirtstochter Johanna Schulz, deren Eltern Ernst und Christiane Schulz im thüringischen Ebersdorf lebten. Pfeiffers Ehe blieb kinderlos.

Truppendienst in der Reichswehr

Zwischen dem 14. und 17. Lebensjahr gehörte Franz Pfeiffer der Organisation Escherich in Isengau an. Seine Absicht, in die sogenannte Schwarze Reichswehr als Freiwilliger einzutreten, wurde durch den Hitler-Ludendorff-Putsch vom November 1923 vereitelt. Sein endgültiger Eintritt in das Reichsheer erfolgte am 1. November 1924 als Schütze in der Minenwerferkompanie des Infanterieregiments 19 unter dem Hauptmann Rudolf Konrad, der im Zweiten Weltkrieg als Kommandierender General des XXXXIX. Gebirgsarmeekorps seinen militärischen Höhepunkt an der Kaukasusfront erlebte.[2]

Während seiner Zugehörigkeit zum Infanterieregiment 19 absolvierte er zunächst vom 13. November bis zum 10. Dezember 1926 einen Krankenträgerkurs beim I. Bataillon und dann vom 3. bis 25. Juli 1934 einen Unteroffizierslehrgang in München. Darüber hinaus forcierte er eine Weiterbildung durch die Heeresfachschule bis zur Klasse 2, welche etwa der Oberprimareife entsprach. Zeitgleich besuchte er Lehrgänge der Volkshochschule für Englisch und andere mehr.

Nach Pfeiffers Beförderungen zum Oberschützen am 1. November 1925, zum Gefreiten am 1. August 1923, zum Unteroffizier am 1. März 1929, zum Unterfeldwebel am 1. März 1931 und zum Feldwebel am 1. Februar 1932 erfolgte nach einem vorangegangenen Lehrgang seine Übernahme in das Offizierskorps. Am 1. September 1934 erfolgte seine Beförderung zum Leutnant mit dem Rangdienstalter zum 1. Mai 1931 und am 2. Februar 1935 die zum Oberleutnant mit einem Rangdienstalter zum 1. September 1933.

Am 1. September 1934 wurde Franz Pfeiffer nach Nürnberg zum Infanterieregiment 21 versetzt, um dort in der Minenwerferkompanie seinen Dienst zu versehen. Vom 1. bis 25. März 1935 wurde er als stellvertretender Führer der 14. (Panzerabwehr) Kompanie eingesetzt. Ab 27. März versah er seinen Dienst als stellvertretender Führer des Regimentsnachrichtenzuges im Infanterieregiment 21. Auch während dieser militärischen Dienstzeit setzte er seine sportliche Betätigung aus seiner Zeit als Unteroffizier fort – und zwar das Jagd-, Spring- und Dressurreiten sowie den Motorsport.

Ausbildung zum Heeresbergführer

Als passionierter Bergsteiger und Skiläufer war es für den schneidigen Franz Pfeiffer eine Selbstverständlichkeit, dass auch er die entsprechenden Lehrgänge besuchte, um in die elitäre Reihe der Heeresbergführer aufgenommen zu werden. Bei der Schaffung einer bergsteigerischen Elite im 100.000-Mann-Heer der Reichswehr stützte man sich insbesondere auf die „Heeresbergführerausbildung". Nachdem man dort sowohl in Bezug auf die Leistung als auch an die Anzahl ziemlich weit ging, erleichterte man damit später die Wege zur Schaffung einer alpinen Führerschaft mit der Aufstellung der Hochgebirgsjägerbataillone.[3]

Wer sich – wie Franz Pfeiffer – dazu entschloss, Heeresbergführer zu werden, der musste gute bergsteigerische Kenntnisse besitzen und einen mehrmonatigen Lehrgang absolvieren, der ihn nach dem Bestehen zum Heeresbergführer machte und das begehrte Heeresbergführerabzeichen verlieh. Die Leiter und Ausbilder der Heeresbergführerlehrgänge waren erfahrene Männer der Gebirgstruppe. Sie beobachteten das Durchsteigen sämtlicher Seilschaften durch die Eis- und Felswände, überprüften den richtigen Abstand, den festen Tritt und Stand, die korrekte Seilarbeit und das Sichern, den Absprung von der Gletscherspalte und den Aufsprung am gegenüberliegenden Spaltenrand sowie das richtige Einschlagen des Pickels im Eis. Ihrem geschulten Auge entging dabei nichts.

Der ausgebildete Heeresbergführer stand dann in den Einheiten den Kompaniechefs mit Rat und Tat zur Seite. Für den Gebirgseinsatz trug er die Verantwortung, die bereits bei der Auswahl des richtigen Weges, bei der Zeitberechnung und beim Sanitätsdienst begann. Er übernahm die Führung im schwierigen Gelände, leitete den Bau von Seilgeländern und übernahm Rettungsaktionen.

Zu Beginn eines jeden Lehrganges wurden das Klettern und Orientieren im Gebirge mit und ohne Hilfsmittel – wie Karte und Kompass – sowie die Ausdauer überprüft. Später gingen die Teilnehmer mit ihrer Zeltausrüstung in das Hochgebirge und praktizierten das schulmäßig Erlernte in der Praxis. Unterrichte in Sanitätsfragen, Orientierung im Gebirge mit Höhenmesser, Gerätekunde mit Seil, Haken und Karabiner sowie am Rettungsgerät ergänzten die Ausbildung ebenso wie die Gesteinskunde und der Pflanzenschutz.

Das Hauptaugenmerk der Ausbildung lag jedoch beim Klettern im Fels. Es begann mit dem Gehen im schroffen Gelände, wo das Gehen ohne den Gebrauch der Hände und die Trittsicherheit geschult wurden. Das Programm wurde dann erweitert mit mäßigem, schwierigem und sehr schwerem, in besonders und äußerst schwierigem Fels. Dort erlernte der Lehrgangsteilnehmer die Seil- und Hakentechnik. Eine Nachtausbildung stellte an das Seh- und Orientierungsvermögen des Gebirgsjägers höchste Anforderungen. Hochgebirgstouren im Gletscher schlossen sich an, wo das

Gehen und Orientieren im Eis geübt wurden. Die Kenntnis über Eisformationen und die Rettung im Eis wurden ebenfalls erlernt. In der Winterausbildung standen die Skiausbildung, Skitouren und Skilanglauf auf dem Dienstplan. Zum Ausbildungsstoff gehörten ferner Lawinen- und Schneekunde, das Orientieren in extremsten Situationen und das Überleben im winterlichen Hochgebirge.

Am 1. April 1931 wurde der Unterfeldwebel Franz Pfeiffer zum Heeresbergführer ernannt und mit dem begehrten Heeresbergführerabzeichen ausgezeichnet. Damit hatte er einen gewaltigen Schritt zu seinem Herzenswunsch getan, nämlich zu einer Verwendung in der deutschen Gebirgstruppe, der sich nach seiner Durststrecke in der Noris im Jahre 1935 endlich erfüllte.

„Aus dem Kampfe mit den Naturgewalten der Berge erwachsen dem Soldaten trotzige Härte, kühner Mut und treue Kameradschaft," lautete das Credo des Bauherrn der deutschen Gebirgstruppe. „So ist die Schule am Berge eine Quelle deutschen Mannestumes und die beste Vorbereitung auf den Krieg. Im Weltkriege," so General Ludwig Kübler, „haben deutsche Gebirgstruppen auf allen Kriegsschauplätzen Unvergleichliches geleistet und ewigen Ruhm an ihre Fahnen geheftet. Die Gebirgstruppe trägt daher mit Stolz das Abzeichen, das sie vor allen übrigen Truppen auszeichnet: das Edelweiß."[4]

Eine Abbildung zum Andenken an die Heeres-Hochgebirgsschule Fulpmes.

Kompaniechef im Berchtesgadener Gebirgsjägerbataillon

Am 15. Oktober 1935 ging Pfeiffers Traum in Erfüllung, als er nun auch formell in die Reihen der deutschen Gebirgstruppe eingegliedert wurde. Mit seiner Versetzung zum Gebirgsjägerregiment 100 wurde er mit der Führung der 13. (Minenwerfer) Kompanie beauftragt und war damit ein Mann der ersten Stunde in der Aufstellungsphase der Gebirgstruppe der Wehrmacht.

Nachdem im Frühjahr 1935 vom Reichskriegsministerium der Auf- und Ausbau der wenigen vorhandenen Gebirgstruppenteile der Reichswehr zu einem Großverband beschlossen und verfügt worden war, kam es am 1. Juni 1935 unter Oberst Ludwig Kübler zur Aufstellung der Gebirgsbrigade mit Sitz in München im Wehrkreis VII. Aus dieser bildete sich im Frühjahr 1938 die 1. Gebirgsdivision, und zwar mit den Gebirgsjägerregimentern 98, 99 und 100 sowie dem Gebirgsartillerieregiment 79 und weiteren Gebirgsabteilungen und -bataillonen.[5]

Am 15. Oktober 1935 war der Gründungstag des Bad Reichenhaller Gebirgsjägerregiments 100, das Oberst im Generalstab Rudolf Konrad als erster Kommandeur übernahm. Aus diesem Anlass übersandte sein Vorgesetzter Kübler folgendes Grußwort: „Das Regiment 100 wird – dessen bin ich gewiss – ein Kernstück des Deutschen Heeres sein, ein Vorbild im Frieden, unüberwindlich im Feld!"

Zu Friedensstandorten wurden nach dem Bau der neuen Kasernenanlagen folgende Orte: Bad Reichenhall, die alte Salinenstadt und der renommierte Kurort, für den Regimentsstab, die Regimentstruppen und das III. Gebirgsjägerbataillon; Brannenburg-Degerndorf am Inn für das I. Gebirgsjägerbataillon, das zuvor in Bad Reichenhall und Traunstein stationiert war; Berchtesgaden, das von der Bergkulisse des Watzmannmassivs eindrucksvoll überragt wird, für das II. Gebirgsjägerbataillon nach der Abgabe der Erstaufstellung nach Lenggries als II. Bataillon/Gebirgsjägerregiment 98; sowie Laufen an der Salzach, die alte Schifferstadt an der Grenze gegen Österreich, für das Ersatzbataillon.

Berchtesgaden – an und über den drei sich hier zur „Ache" vereinigenden Königsseer, Ramsauer und Bischofswiesener Achen gelegen und weit in die einzelnen Täler hineinreichend – wurde Pfeiffers Standort, dessen Gebirgsjäger in der Jägerkaserne in der Strub in Sichtweite des geschichtsträchtigen Obersalzberges, einem Brennpunkt der Zeitgeschichte, untergebracht waren.

Eine Begeisterung für die Berge und der Stolz auf das Edelweißabzeichen an der Berguniform erfüllten alle Dienstgrade und schufen so von Anbeginn einen Geist der Zusammengehörigkeit. Die Gebirgsausbildung stellte hohe Anforderungen. Sie wurde jedoch im Bewusstsein, einer Elitetruppe anzugehören, freudig erfüllt. Nur so

Franz Pfeiffer als Oberleutnant und stellvertretender Führer der 14. Kompanie des Infanterieregiments 21, aufgenommen um das Jahr 1935.

Das Gebäude des Bayerischen Armeemuseums in Pfeiffers Heimatstadt München.

Das Siegestor in München, errichtet von 1843 bis 1850.

Der Hintersteiner See mit der Reiteraple, auf ihrem Hochplateau befindet sich der Hochgebirgsübungsplatz der Berchtesgadener Gebirgsjäger.

Das Watzmannhaus war eine beliebte Unterkunft für die Hochgebirgsausbildung im Watzmannmassiv.

Der Berchtesgadener Schlossplatz mit dem Kriegerdenkmal während einer Feierlichkeit.

Nach dem Zweiten Weltkrieg zogen im Sommer 1957 die ersten Soldaten der 1. Gebirgsdivision der Bundeswehr in den Gebirgsstandort Berchtesgaden ein.

Die Kaserne des II. Bataillons des Gebirgsjägerregiments 100 in Berchtesgaden.

Im Schwimmbad Aschauerweiher erhielten die Gebirgsjäger eine Schwimmausbildung.

Die Blaueishütte unterhalb des Blaueisgletschers.

Das Gipfelkreuz am Hochkalter war das Ziel zahlreicher Bergmärsche und Klettertouren in den Berchtesgadener Alpen.

Der Hochgebirgsstützpunkt Blaueishütte am Hochkalter in den Berchtesgadener Alpen.

Das elitäre Heeresbergführerabzeichen der Reichswehr und Wehrmacht erwarb Franz Pfeiffer am 1. April 1931.

Die Schulung zum Heeresbergführer erfolgte in Fels und Eis, wie hier beim Winterbergsteigen im Karwendelgebirge.

Die Berghütten des Berchtesgadener Landes dienten dem Gebirgsjägerregiment 100 als Stützpunkt während ihrer Gebirgsausbildung – wie zum Beispiel das Carl-von-Stahl-Haus am Torrener Joch.

Die Materialseilbahn am Moserboden in den Berchtesgadener Alpen wurde auch zur Beförderung der Gebirgsjäger genutzt.

Zwei Heeresbergführer mit dem begehrten Heeresbergführerabzeichen an der linken Brusttasche, aufgenommen um das Jahr 1940.

Kletterausbildung für einen Sonderführer an einer steilen Felswand.

Eine Seilschaft von Gebirgsjägern im winterlichen Hochgebirge.

Der Skikurs der 13. Kompanie des Gebirgsjägerregiments 100 vom 24. Januar bis 4. Februar 1936 unter der Leitung von Oberleutnant Franz Pfeiffer (in der Bildmitte) vor der Wimbachgrieshütte.

Bepackt mit Gewehr und Seil singen diese Gebirgsjäger auf dem Marsch zu einer Hochgebirgsübung.

Eine Dreierseilschaft überschreitet einen Berggrat.

Aufnahme einer Rekrutenvereidigung auf dem Kasernenhof.

Schulgefechtsschießen mit dem Maschinengewehr MG-34 im Hochgebirge.

Gipfelstürmer am Zuckerhütl (3.507 Meter) in den Stubaier Alpen.

Sichtlich stolz schreitet Oberst Rudolf Konrad als Kommandeur des Gebirgsjägerregiments 100 die Front seiner angetretenen Gebirgsjäger ab.

Die Kasernenanlage Glasenbach in Salzburg mit dem Haupttor und dem Kommandogebäude, an dessen Wand ein Salzburger Schütze als Fahnenträger zu sehen ist.

Ausbildung auf dem Kasernenhof in Glasenbach.

konnten denkwürdige alpine Höchstleistungen vollbracht werden; wie zum Beispiel die Erstbesteigung der berühmt berüchtigten Eigernordwand durch Pfeiffers Bergkameraden Kurz und Hinterstoißer, die dabei jedoch ums Leben kamen.

Zu jener Zeit war der Oberleutnant Pfeiffer maßgeblich an der Entwicklung der Gebirgsinfanteriegeschütze und von Gebirgsausrüstungsgeräten beteiligt, die durch ein Kommando bei der Waffenschmiede Rheinmetall gekrönt wurden. Folgerichtig erhielt Pfeiffer den höchsten Geldpreis des Heereswaffenamtes für seine konstruktive Mitarbeit. Als Leiter von Lehrgängen an schweren Waffen, als Vorschriftenbearbeiter und sachkundiger Offizier bei Neuaufstellungen schwerer Kompanien machte er sich rasch einen klangvollen Namen, sodass er am 1. Januar 1938 zum Hauptmann befördert wurde.

Vom 17. November bis zum 2. Dezember 1938 wurde er als Lehrer zum Lehrgang für Ausbilder am leichten Gebirgsinfanteriegeschütz 18 nach Bad Reichenhall abkommandiert. Währenddessen rückte das II. Bataillon/Gebirgsjägerregiment 100 im Herbst 1938 in Berchtesgaden in die Jägerkaserne ein; von der Bevölkerung freudig begrüßt. Das junge Gebirgsjägerbataillon wurde aus Stämmen der beiden anderen Gebirgsjägerbataillone und aus den gebirgstüchtigen Mannschaften des III. Bataillons der Bayerischen Landespolizei in München gebildet.

Der „Blumenkrieg“ gegen Österreich

Am 11. März 1938 erließ Adolf Hitler die als geheim eingestufte militärische „Weisung Nr. 1“ für den Einmarsch in Österreich. Mit von der Partie war auch Hauptmann Franz Pfeiffer mit seinen Berchtesgadener Gebirgsjägern.

Der Aufmarschbefehl hatte die Gebirgsbrigade des Generalmajors Kübler und das Gebirgsjägerregiment 100 unter seinem neuen Kommandeur Oberst Ernst Schlemmer noch vor dem Abschluss der Winterausbildung erreicht. Vorausgegangen war bei der Truppe eine Teilmobilisierung des VII. Armeekorps des Generals der Infanterie Eugen Ritter von Schobert, des XIII. Armeekorps des Generals der Kavallerie Freiherr Maximilian von Weichs und des Kommandeurs der Panzertruppen, Generalleutnant Heinz Guderian; also insgesamt 105.000 Mann, die in der 8. Armee unter dem Oberbefehlshaber Generaloberst Fedor von Bock zusammengefasst waren.

Im Morgengrauen des 11. März 1938 rückte Schlemmer mit seinen Gebirgsjägerbataillonen an die österreichische Grenze vor. Das gesamte Gebirgsjägerregiment 99 hatte sich zuvor unter Oberst Eduard Dietl im Rupertiwinkel versammelt und nahm dort die weiteren Befehle für den Einmarsch in das Bruderland entgegen. Und so sah für Küblers Gebirgsbrigade und seine Gebirgsjäger der Aufmarsch für die „Fahrt in den Frühling“ zwischen dem 10. März und dem 2. April 1938 aus: Das verstärkte Gebirgsjägerregiment 99 hatte als „Gruppe Hallein“ die Grenze bei Scheffau zu überschreiten, Hallein zu nehmen und dann auf dem Ostufer der Salzach nach Salzburg vorzustoßen. Im Befehl hieß es dazu:

„Ihre Aufgabe ist, ein Entweichen der Garnison Salzburg nach Süden zu verhindern, oder ein verteidigtes Salzburg durch Angriff in den Rücken zu Fall bringen.“ Und weiter: Eine verstärkte Kompanie hatte „den Pass Lueg gegen etwa von Süden anrückende Feindverstärkungen zu verteidigen.“

Das verstärkte Gebirgsjägerregiment 100 sollte als „Gruppe Reichenhall“ unter Oberst Schlemmer direkt auf die Mozartstadt und eine verstärkte Gebirgsjägerkompanie durch die Röth über das Blühnbachtörl auf Werfen vorgehen. Das Gebirgsjägerregiment 98 hatte unter Oberst Ferdinand Schörner im Verband der Heeresdienststelle 10 über den deutsch-österreichischen Grenzübergang Scharnitz zum Brenner vorzurücken. Dort sollte der Regimentskommandeur dann dem italienischen Kommandanten die Grüße des Deutschen Reiches überbringen.

Voller Zuversicht und Vertrauen sahen Hauptmann Pfeiffer und seine Gebirgsjäger ihrer ersten großen Bewährungsprobe entgegen, als sie den Befehl zum Einmarsch nach Österreich erhielten. Dabei wünschten sie sich, dass sie nicht zu den Waffen greifen müssten, denn bis zuletzt vermochte niemand mit hundertprozentiger Sicherheit zu sagen, ob man jenseits der rot-weiß-roten Grenzpfähle auf Widerstand stoßen würde oder nicht. In den Akten der 8. Armee konnte man später über diesen denkwürdigen Tag nachlesen: „Der Aufmarsch zur Versammlung der ersten Welle der Armee dauert an. […] 05.30 Uhr werden die Grenzübergänge bei Lindau, Mittenwald, Kiefersfelden, die Grenzbrücken von Freilassing, Burghausen und Schärding ohne Widerstand besetzt und unversehrt vorgefunden; Brückenköpfe werden gebildet. Die deutsche Truppe wird von der österreichischen Bevölkerung jubelnd empfangen."

So war es in der Tat in jenen unvergesslichen Märztagen des Jahres 1938. Als Pfeiffers Regimentskommandeur Ernst Schlemmer den Befehl zum Einmarsch erhielt, rückte er mit seinem kriegsmäßig ausgerüsteten Gebirgsjägerregiment 100 aus dem grenznahen Bereitstellungsraum gegen Mittag über die Grenze direkt in Richtung Salzburg vor. Mit klingendem Spiel, von der überwiegenden Mehrheit der Bevölkerung ehrlichen Herzens umjubelt, marschierte er am 12. März 1938 in die Mozartstadt an der Salzach ein. Damit war für Pfeiffer und seine national gesinnten Kameraden ein Traumziel deutscher Politik und Patrioten Wirklichkeit geworden.

Es war für ihn und die Gebirgsjäger gewiss ein erhabenes Gefühl, als sie von einer aufgewühlten Menschenmenge mit Gaben überhäuft, fast ausbildungsmäßig über die noch tief verschneiten Alpenpässe des Salzkammergutes und der Steiermark auf deren Landeshauptstadt Graz einschwenkten. Vöcklabruck, Gmunden am Traunsee und der seinerzeit noch nicht ausgebaute und entschärfte Pötschenpass, Liezen an der Enns, Rottenmann und der ebenfalls noch nicht erweiterte Schoberpass, Leoben und Bruck an der Mur, das waren die bedeutendsten Stationen ihrer fünftägigen „Fahrt in den Frühling".

Am 23. März 1938, nur ein paar Tage nachdem die letzten Truppenteile der Gebirgsbrigade ihre Unterkunftsräume im Grazer Umland erreicht hatten, traf der Befehl für den Rücktransport ein. Die Ergänzungsmannschaften und die rückwärtigen Dienste waren bereits seit dem 17. März in ihre oberbayerischen Standorte zurückgekehrt, beziehungsweise demobilisiert worden. Für das Gros der Gebirgstruppe erfolgte der Rücktransport in den letzten Märztagen auf dem kürzesten Wege. Der Stab der Gebirgsbrigade, die offiziell am 1. April 1938 in 1. Gebirgsdivision umbenannt wurde, obwohl sie in Gliederung, Stärke und Ausrüstung bereits seit dem Herbst 1937 eine Division verkörperte, traf am 31. März in zwei Marschkolonnen und bei schönem Wetter die Vorbereitungen für den Rückmarsch in die Friedensstandorte.

Der Einmarsch in das Sudetenland

Das Frühjahr und der Sommer des historischen Jahres 1938 vergingen dem Hauptmann Franz Pfeiffer und seinen Kameraden wie im Flug. Kein Wunder, denn die Ausbildung wurde sowohl in den Kasernen als auch im Gelände mit äußerster Intensität betrieben. Mitten in der Ausbildung und Ergänzung der Truppe erhielt der Kommandeur der 1. Gebirgsdivision Anfang September einen Befehl, der ihn stutzig machte, denn er beinhaltete die Mobilmachung der Stammdivision der deutschen Gebirgstruppe. Mit scharfer Munition wurden daraufhin im Bataillons- und Regimentsrahmen Übungen abgehalten. Voller Sorge registrierten die Führer und Unterführer, dass der Schwerpunkt der Ausbildung eindeutig auf den Kampf um befestigte Stellungen gelegt worden war. Hier waren es vor allem die Gebirgsjäger und Gebirgspioniere, von denen das Äußerste abverlangt wurde.

Das hatte einen ganz realen militärpolitischen Hintergrund, denn die allgemeine Lage hatte sich in Mitteleuropa im Laufe des Jahres 1938 von Monat zu Monat immer mehr verschärft, nachdem Hitlers Revisionspolitik in den vorangegangenen Jahren schon sehr viel Bewegung in das europäische Staatensystem gebracht hatte. Ein kurzer Blick auf die mitteleuropäische Landkarte genügte, um zu erkennen, dass die Tschechoslowakei nach dem Anschluss Österreichs auf drei Seiten vom Großdeutschen Reich umklammert wurde. Das wäre für diesen typischen Retortenstaat der Siegermächte des Ersten Weltkrieges weiterhin nicht allzu schlimm gewesen, wenn die sudetendeutsche Bevölkerung in den tschechischen Randgebieten nicht von Anfang an von den Tschechen permanent unterdrückt worden wäre. Nun breitete sich die Sudetenkrise wie ein unheilvoller Schatten über dem von politischen Eruptionen immer heftiger erschütterten Alten Kontinent aus.

Im Frühjahr 1938 überschlugen sich die politischen und militärischen Ereignisse im deutsch-tschechoslowakischen Kräftespiel. Am 20./21. Mai beging die Prager Regierung in ihrer Nervosität einen fatalen Fehler. Aufgrund falscher Informationen über angebliche deutsche Truppenbewegungen ließ sie mobil machen. Daraufhin spitzte sich die Krise noch weiter zu. Denn nun erließ Hitler am 30. Mai seine Weisung für den Angriff auf die Tschechoslowakei – Fall „Grün" –, die bereits 1937 in ihren wesentlichen Punkten für den Kriegsfall beschlossen und am 21. April 1938 festgelegt worden war. Die Zeichen standen somit unübersehbar auf Sturm!

In jenen Septembertagen des Jahres 1938 stand der Krieg also unmittelbar bevor; wenn auch nicht zu erkennen war, ob es ein deutsch-tschechischer oder gar ein europäischer Krieg sein werde. Angesichts der bedrohlichen Lage rückte Pfeiffer mit der 1. Gebirgsdivision am 18. September kriegsmäßig mit scharfer Munition zu den Herbstmanövern in den Bayerischen Wald nördlich von Passau ab. Dieser Aufmarsch wurde zwar als Manöver getarnt, doch den Führern und Unterführern war klar, dass der Friede am seidenen Faden hing. Genährt wurde ihre Annahme noch durch die zahlreichen Übungen, durch welche die Truppe, je nach der augenblicklichen politischen Entwicklung, mehr oder weniger nahe an das Grenzgebiet, wo sie von der Bevölkerung mit Blumen und Wein empfangen wurde, herangeführt wurde.

Da die Tschechoslowakei im Sommer eine Teilmobilmachung durchgeführt hatte, war anzunehmen, dass die Besetzung der sudetendeutschen Gebiete auf tschechischen Widerstand stoßen würde. Ein dumpfes Grollen lag über den dunklen Wäldern des Bayerischen und Böhmer Waldes, als Pfeiffer und seine Gebirgsjäger sich die Frage stellten: „Wird es wirklich wegen des sudetendeutschen Problems zu einem Krieg kommen? Sind wir im Kampf um befestigte Stellungen genügend geschult? Haben wir die notwendigen Waffen?"

Doch das Abkommen zwischen Deutschland, dem Vereinigten Königreich von Großbritannien, Frankreich und Italien, getroffen in München am 29. September 1938, entschärfte die militärpolitische Lage schlagartig. Hauptmann Pfeiffer und seine Gebirgsjäger atmeten in ihren Bereitstellungsräumen erleichtert auf.

Goldfarben hing das Laub an den Bäumen, als Pfeiffer in jenen wunderbaren Herbsttagen des Jahres 1938 – noch einmal dem Krieg entronnen – über die unendlichen Weiten und dunklen Kammhöhen des Böhmer Waldes in die sudetendeutschen Randgebiete einmarschierte. Auch in diesem „Blumenkrieg", wonach es ursprünglich nach dem kriegsmäßigen Aufmarsch gar nicht ausgesehen hatte, wurde er mit seinen Gebirgsjägern von der deutschstämmigen Bevölkerung überall auf das Allerherzlichste begrüßt. Weiter zogen sie durch die Hochwälder über die dunkle Moldau und durch die von den Tschechen eilig geräumte Bunkerlinie in das Siedlungsgebiet der Sudetendeutschen bis sie schließlich im reichen Tal des altdeutschen Prachatitz ihre Unterkünfte bezogen.

Wer ahnte angesichts der friedlichen Landschaft und der von der tschechischen Unterdrückung befreiten und nun jubelnden sudetendeutschen Bevölkerung, dass schon wenige Jahre später das Pendel des Schicksals grausam zurückschlagen und eine Welle des Hasses gegen die Sudetendeutschen schleudern sollte?

Gemäß dem „Münchner Abkommen" wurde die Grenzziehung zwischen dem 1. und dem 10. Oktober 1938 durchgeführt. Nach dem Abschluss dieser Arbeiten waren die von der sudetendeutschen Bevölkerung bewohnten Randgebiete der Tschechoslowakei Bestandteile des Großdeutschen Reiches. Zum dritten Mal war es Hitler nach der Rückkehr des Saargebietes und dem Anschluss Österreichs gelungen, das Gebiet des Reiches ohne Blutvergießen zu vergrößern. Wen wundert es da, dass Hauptmann Franz Pfeiffer mit dem Gebirgsjägerregiment 100 in euphorischer Stimmung in seinen Standort zurückkehrte?

Nach einem kurzen Heimaturlaub, in dem es viel über den Einmarsch ins Sudetenland und seine arbeitsame Bevölkerung zu berichten gab, wurde die Ausbildung in den Bayerischen Alpen sowie in der atemberaubenden Bergwelt der benachbarten Ostmark energisch weitergeführt. Insbesondere wurde der alpine Teil der Winterausbildung forciert. Und der Erfolg ließ nicht lange auf sich warten. Bereits im Frühjahr 1939 konnte die Mannschaft des III. Bataillons des Gebirgsjägerregiments 100 bei den Winterkampfspielen in der polnischen Tatraortschaft Zakopane den Weltmeistertitel im Internationalen Militär-Skipatrouillenlauf gewinnen.

Doch nicht allzu lange konnte Pfeiffer sich der relativen Friedenszeit erfreuen, denn im Restgebilde der Tschechoslowakei rumorte und gärte es in allen Landesteilen. Nach der Amputation der sudetendeutschen Gebiete mit ihren Grenzbefestigungen war dieser Staat nun dem Großdeutschen Reich auf Gedeih und Verderb ausgeliefert. Von deutscher Seite war nicht nur die slowakische Unabhängigkeitsbewegung unterstützt worden, sondern noch im Oktober 1938 erging ein Geheimbefehl zur „Erledigung der Rest-Tschechei". Am 15. März 1939 begann dann tatsächlich der deutsche Einmarsch in die Rest-Tschechei. Die Verbände des Heeres und der Luftwaffe, die bereits am 13. März in Alarmbereitschaft versetzt und in Marsch gesetzt worden waren, rückten von allen Seiten in das Land an der Moldau ein.

Eine Teilnahme blieb dem Hauptmann Franz Pfeiffer mit der 1. Gebirgsdivision allerdings erspart, doch wurde das III. Bataillon/Gebirgsjägerregiment 100 als Besatzungstruppe in den slowakischen Raum Kremsier – Sillein verlegt. An jenem 15. März erschien in Berlin der erste Wehrmachtsbericht, dem während des Zweiten Weltkrieges noch über Zweitausend weitere folgen sollten. Er hatte folgenden Wortlaut: „Das Oberkommando der Wehrmacht gibt bekannt: Truppen des deutschen Heeres unter Führung des Generals der Infanterie Blaskowitz und des Generals der Infanterie List haben Mittwoch früh die deutsch-tschechische Grenze überschritten und befinden sich im Vormarsch auf ihre Tagesziele in Böhmen und Mähren. Bereits Dienstagabend (14. März) haben Verbände des Heeres und Teile der Leibstandarte-SS Adolf Hitler Mährisch-Ostrau und Witkowitz besetzt. Geschwader der deutschen Luftwaffe unter Führung der Generale der Flieger Kesselring und Sperrle und des Generalleutnants Löhr haben zu gleicher Zeit die deutsch-tschechische Grenze überflogen."[6]

Die Zeichen standen nun mehr denn je auf Sturm! Jetzt wehte den Deutschen ein eisiger politischer Wind aus dem Westen entgegen. Zu unverblümt war Hitlers Annexion. Sie ließ sich bei der Zerschlagung der Rest-Tschechei beim besten Willen nicht mehr mit dem Begriff des Selbstbestimmungsrechts der Völker rechtfertigen. Denn mit der Besetzung von Prag hatte der Führer und Reichskanzler sein Versprechen – „Wir wollen keine Tschechen annektieren" –, das er am 26. September 1938 im Berliner Sportpalast der Weltöffentlichkeit gegeben hatte, und seine feierliche Zusage auf der Viermächtekonferenz von München, die Rest-Tschechei zu respektieren, in eklatanter Weise gebrochen. „An Stelle des Nationalitätenprinzips", so der deutsche Diplomat Erich Kordt, „war eine rein imperialistische Machtpolitik getreten ohne Abgrenzung und Maß."[7]

Mit der 1. Gebirgsdivision im Polenfeldzug

Mit der entsprechenden Munitionsausstattung und den zugewiesenen Ersatzabteilungen zog die Masse der Stammdivision der deutschen Gebirgstruppe nach einer vierjährigen pausenlosen Aufstockung am 1. September 1939 in den Zweiten Weltkrieg. Der Oberste Befehlshaber der Wehrmacht hatte damit sein Wort, das Generaloberst Franz Halder wie folgt überliefert hat, wahrgemacht:

„Die Wehrmacht ist ein Instrument der Politik. Ich werde der Armee ihre Aufgabe zuweisen, wenn der Augenblick gekommen ist. Die Armee hat diese Aufgabe zu lösen und nicht zu diskutieren, ob die Aufgabe richtig oder falsch ist.“[8]

Es war Ende August 1939, als der Hauptmann Franz Pfeiffer und die ersten Einheiten der 1. Gebirgsdivision durch die Slowakei in ihren Aufmarschraum gerollt waren. Das Gros folgte etwas später nach. Die Nerven der Soldaten waren bis zum Äußersten angespannt, als sie erfuhren, dass sie in Galizien zum Einsatz kommen würden; auf jenem Kriegsschauplatz, den sie aus den Erzählungen ihrer Väter und Großväter kannten, als diese im Ersten Weltkrieg unter anderem verbissen um die Brücken und Furten an den Flüssen Dunajec und San kämpften.

Für die 1. Gebirgsdivision lautete der Auftrag: Vorstoß über die polnische Grenze, zunächst in nördlicher Richtung durch die Karpaten mit dem vorläufigen Ziel bis zum San, um später von hier aus zur Umfassung des polnischen Südflügels auf Lemberg vorzustoßen und ein Ausweichen polnischer Kräfte über den Raum Lemberg hinaus nach Ungarn zu verhindern. Für die Gebirgsjägerregimenter 99 und 100 sowie für die Gebirgsaufklärungsabteilung 54 ergab sich am ersten Angriffstag, es war der 5. September 1939, folgende Stoßrichtung:

Mit dem verstärkten Gebirgsjägerregiment 100 über Piwniczna, mit dem verstärkten Gebirgsjägerregiment 99 über Muszyna und mit der Gebirgsaufklärungsabteilung 54 ostwärts antretend. Das Gebirgsjägerregiment 98 sollte am 5. und 6. September in der Slowakei nach Osten marschieren und im Überholungsgedanken Bardejow erreichen. Aufgrund der sich rasch zugunsten der Deutschen entwickelnden Lage bei der 2. Gebirgsdivision konnte sich das Gebirgsjägerregiment 100 vom Gegner lösen und mit Hauptmann Pfeiffer als Chef der 14. (schweren) Kompanie ungestört in der Slowakei in Richtung Osten marschieren.

Während im Großdeutschen Reich weitere Reserven einberufen wurden und Militärtransporte an die Front rollten, überschritten die „Blumenteufel“ am 5. September vom slowakischen Presow aus ostwärts der Hohen Tatra ohne Feindeinwirkung die polnische Grenze. Das erste, was Pfeiffer und seine Männer im Krieg lernten, lautete: marschieren, marschieren, marschieren – und zwar zwischen dreißig, vierzig und fünfzig, ja zuweilen sogar bis zu sechzig Kilometer am Tag! Anschließend waren sie heilfroh, wenn sie ihre Quartiere todmüde erreicht hatten. Was sich dann ereignete, das erfahren wir nun von dem Jäger Emil Fischer und dem Gefreiten Fritz Moser:[9]

„‚Kompanie – halt! Wir beziehen hier Biwak, Züge sofort ablasten und mit Zeltbau beginnen!' Gegen fünf Uhr morgens beginnt es in unserem Zelt ungemütlich zu werden. Obwohl wir uns bis über die Ohren im Stroh vergraben haben, hat sich die Kälte langsam durchgebissen. Einer nach dem anderen wacht auf, und bald ist alles lebendig. Der ganze Kerl ist kalt geworden wie ein Eiszapfen, trotz Stroh und wärmender Hüllen. Also raus aus dem Verhau! Wir zünden uns ein Feuer an, wohlige Wärme durchströmt die Glieder, und der dampfende schwarze Kaffee mit einem Schuss Rum macht uns wieder vollends beweglich. Es scheint gar nicht zu eilen heute Morgen. Sonst haben wir immer zu hetzen und zu eilen, um in einer halben Stunde abmarschbereit zu sein. Jetzt sitzen wir schon zwei Stunden am Feuer, und noch immer rührt sich nichts. Da kommt endlich die Erklärung: Das Bataillon bleibt zur Ruhe und Erholung zwei Tage hier liegen. Das war uns der liebste Befehl, den wir beim ganzen Vormarsch in Galizien zu hören bekamen. Überall Freude und Zufriedenheit. Natürlich bleiben wir nicht in den Zelten liegen, denn wenn wir schon Ruhe haben, wollen wir auch ein festes Dach überm Kopf haben. Sofort werden Quartiermacher weggeschickt, und kurze Zeit später ziehen wir um. In ein paar Bauernhäusern am Rande des Städtchens findet die Kompanie leicht Platz. Gruppenweise richten wir uns so bequem wie möglich ein. Die ersten laufen schon, mit einem Eimer bewaffnet, zum Brunnen, die Generalreinigung von Kopf bis Fuß, die schon einige Tage ausgefallen ist, setzt mit vollem Schwung ein. Aber ebenso wichtig wie Waschen ist Einkaufen, und da heißt es schnell sein, wenn andere Kompanien nicht zuvorkommen sollen. Ein paar Kameraden werden weggeschickt, um aufzutreiben, was aufzutreiben ist. Weißbrot, Milch, Eier, Butter und Honig, vielleicht auch Socken und Hemden, die bitter notwendig wären. Die meisten Läden sind allerdings ausverkauft oder die Besitzer geflohen. Aber wir haben schon unsere besten Organisatoren geschickt. Am meisten ist noch bei den Juden zu machen. Sie behaupten zwar in ihrem mauschelnden Deutsch es sei ihnen alles geraubt worden, und deuten auf die leeren Regale an den Wänden. Aber eine etwas sehr energische und nachdrückliche Aufforderung und Geldbeutelgeklimper tun ihre Wirkung. Und siehe da! Da kommen ihre allerletzten Vorräte ans Licht, und die scheinen gar nicht so spärlich zu sein. Sie verlangen zwar unheimliche Wucherpreise, aber langes Feilschen kommt gar nicht in Frage. Die eine Hälfte abgezogen, die andere auf den Ladentisch – das muss genügen. So sehr scheint Abraham nicht enttäuscht zu sein, sicher hat er das mit einkalkuliert. Reich beladen kommen unsere Einkäufer zurück und werden mit lautem Hallo empfangen. Wir haben inzwischen aus Ziegelsteinen eine offene Kochstelle gebaut und eine große Pfanne erobert. Die Feldküche ist zwar hier, aber doppelt genährt hält besser, außerdem haben wir von den vergangenen Tagen noch allerhand nachzuholen. Was sollen wir auch sonst schon tun außer essen und schlafen. Ein fetter, gelber Schmarren mit viel Zucker und Honig ist gerade die richtige Nachspeise auf das Feldküchengulasch. Wir sind satt bis oben hin, aber unsere Gedanken sind schon wieder bei der nächsten Mahlzeit. Was wird es heute Abend geben? Gänsebraten? Klar! Zwei Mann von uns gehen auf Gänsejagd. Ganz in der Nähe schnattert das Federvieh im Stall eines Bauern. Der Handel ist bald abgeschlossen – wo aber die Dinger braten? Für den Spieß sind sie zu schade. Wie steht es denn mit der Küche unseres Bauern? Da sieht es schlimm aus. Wir finden in einem Raum, der Wohn-, Schlafzimmer und Küche in sich vereinigt, wohl eine Art Herd, aber der einzige Topf, der ein zweifelhaftes Universalinstrument zu sein scheint, genügt unseren ‚verwöhnten Ansprüchen' nicht. Der Bauer deutet nach dem Haus gegenüber – also dorthin. Ein würdiger Herr in schwarzem Rock sieht uns unbehaglich zu, als wir Küche und Herd inspizieren und alles wie für uns geschaffen finden. Wir sind in das Haus des katholischen Pfarrers geraten, der, den herumlaufenden Bengels nach zu schließen, gut für seinen Nachwuchs gesorgt hat. Es unterscheidet sich außer einer Studierstube und der vollkommenen Kochgelegenheit in nichts von den anderen Bauernhäusern und wäre für einen deutschen Pfarrer undenkbar. Bald brotzelt unser Braten lustig im Rohr, und das Abendessen sieht einen frohen Kreis um den Küchentisch vereinigt: Gänsebraten mit Kartoffelpüree. Mit einer Gans im Bauch und mit der Welt zufrieden, legen wir uns ins Stroh.

Der zweite Tag gehört neben Kochen und Essen hauptsächlich der Pflege der Waffen und der Instandsetzung der kaputt gegangenen Sachen. Sattler, Schuster und Schneider haben ihre Werkstätte im Freien aufgebaut und haben alle Hände voll zu tun, die mitgenommenen Geschirre, durchgelaufenen Schuhe und zerrissenen Hosen zu flicken. Die Dorfjugend steht gaffend umher und schaut interessiert dem Treiben zu. ‚Sigaretti, Sigaretti!', das ist das einzige ‚deutsche' Wort das sie kennen und mit dem sie uns anbetteln. Um jeden weggeworfenen Stummel entsteht eine kleine Balgerei. Wir liegen faul in der Sonne, schreiben Karten und Briefe für die Heimat, wer weiß, wann wir wieder dazukommen. Schade, dass diese beiden Tage so schnell vergangen sind. Am Abend werden die Rucksäcke gepackt – noch eine Nacht, und dann heißt es auf zu neuem Marsch, hinein in galizisches Land."

Im Großen und Ganzen verliefen die ersten Tage des Polenfeldzuges für die Gebirgsjäger im Gegensatz zu vielen anderen Divisionen der Wehrmacht relativ ruhig, wenn man von kleineren, unbedeutenden und daher nicht nennenswerten Plänkeleien einmal absieht. Graue Staubwolken, die von den Bergstiefeln der Jäger, den Hufen der Tragtiere und den Radfahrzeugen aufgewirbelt wurden, umhüllten Pfeiffers 14. (schwere) Kompanie. Bald waren die Kehlen seiner Männer ausgetrocknet. Hart drückten der Rucksack und die Waffen vor allem auf den schmalen Schultern der jungen Marschierer, die, kaum dass sie ihre Stubenkameraden im Berchtesgadener Land richtig kennengelernt hatten, schon ins Feld ziehen mussten.

Von kurzen Gefechten unterbrochen, marschierte das Gebirgsjägerregiment 100 durch Hitze und Staub, der immer wieder die Hände und Gesichter verkrustete, weiter in Richtung Lemberg. Am 7. September stieß das Gebirgsjägerregiment 99 auf Gorlice vor, um die Südflanke der benachbarten 2. Gebirgsdivision, die nördlich von Gorlice ausscherte, zu übernehmen. Währenddessen war das I. Bataillon/Gebirgsjägerregiment 100, dem später die Gebirgsaufklärungsabteilung 54 unterstellt wurde, über Zdynia auf Gorlice vormarschiert. Doch als die Gebirgsjäger aus Brannenburg-Degerndorf die Stadt erreichten, hatte sich der Feind schon wieder abgesetzt.

Vor der 1. Gebirgsdivision hatte sich der Gegner also dem ersten Zugriff der „Blumenteufel" entzogen. „Verfolgung des Gegners!" lautete in den nächsten Tagen die allgemeine Parole. Daher erreichten die beiden Verfolgungsgruppen schon am 9. beziehungsweise 10. September den strategisch überaus bedeutenden Abschnitt des San, hinter den sich die polnischen Infanteriedivisionen zurückgezogen hatten. Diese Feindkräfte einzuschließen und auszuschalten, das war das operative Ziel des Kommandierenden Generals des XVIII. Gebirgsarmeekorps. Die frühzeitige Inbesitznahme des großen Verkehrsknotenpunktes Lemberg war hierzu die Voraussetzung. Demgemäß erging an die 1. Gebirgsdivision am 10. September 1939 folgender Befehl:

„Nach dem nächsten erfolgreichen Gefecht mit bereitgehaltenen motorisierten Reserven und motorisierten Verbänden sofort ohne weitere Rücksichten auf Lemberg durchstoßen und die Fußtruppen in großen Märschen nachführen." Der kühne Durchstoß in einhundert Kilometer Tiefe, von Kübler und seinen Generalstabsoffizieren ausgetüftelt und von der Truppe schwungvoll durchgeführt, sollte wenig später in der Tat gelingen. Noch am 10. September erließ der Divisionskommandeur den Befehl zur legendären „Sturmfahrt auf Lemberg", um dem Feind den Rückzug nach Osten abzuschneiden und ihn dadurch zur Übergabe der galizischen Hauptstadt zu zwingen. Damit war der Impuls zu den schlachtentscheidenden Kampfhandlungen gegeben.

Nun gab es für den Hauptmann Franz Pfeiffer und seine Gebirgsjäger kein Halten mehr. Wie Teile einer Panzerdivision nach allen Seiten feuernd, so fegten die motorisierten Verbände der 1. Gebirgsdivision die Straße nach Lemberg frei. Weil das aber immer noch nicht schnell genug ging, verlud man die „Blumenteufel" kurzerhand auf Lastkraftwagen. In aufgewirbelten Staubwolken ging es nun in rascher Fahrt ostwärts. Nur für die Tragtierstaffeln war kein Laderaum mehr übrig, sodass sie, hart am Rande der Erschöpfung, zu Fuß und per Muli über die staubigen Straßen Polens hinterher hetzten.

An der Spitze der Verfolgungskolonnen gab Generalmajor Ludwig Kübler die entscheidenden Befehle: Angriff auf Lemberg unter gleichzeitiger Rückendeckung in der

Seenenge von Grodeck. Bereits am Abend des 11. September wurde nach mehreren Gefechten der strategisch bedeutende Straßenknotenpunkt Sambor eingenommen. Einen Tag später erstürmte die motorisierte Vorausgruppe unter dem tatkräftigen Oberst Ferdinand Schörner die Höhen von Holosko nördlich von Lemberg.

Damit stand die 1. Gebirgsdivision mit ihren vordersten Kampfverbänden bereits weit im Rücken der gegnerischen Kräfte um Przemyśl. Die Zange hatte sich geschlossen! Kübler fasste für den Kampf um Lemberg unverzüglich die notwendigen Entschlüsse: „Baldige Gewinnung der beherrschenden Höhen bei Zboiska im Norden Lembergs (Hauptkräfte), Abschließung der Stadt nach Süden und Südosten (schwächere Kräfte), Sperrung der Seenenge von Grodeck im Westen Lembergs gegen die Feindkräfte bei Przemyśl durch die nachfolgenden Teile der Division."[10]

Diese Entscheidung war dem Bauherrn der deutschen Gebirgstruppe nicht leichtgefallen, denn er wusste zu genau, dass die Aufgabe nur dann lösbar ist, wenn es gelingt, die 1. Gebirgsdivision vor Lemberg zu vereinen. „Würde die Zange halten? Würde der Angriff in der geplanten Form zu realisieren sein?", das waren die bangen Fragen, die Führer und Unterführer vor der galizischen Hauptstadt nicht nur einmal beschäftigten.

Dennoch wagten die Kommandeure ohne Rücksicht auf Verluste in einem wahren Hasardeurspiel den Einsatz – und zwar nach dem Motto: „Klotzen, nicht kleckern!" Das war nicht nur der Leitgedanke der Generale Rommel und Guderian, sondern auch von Kübler, Dietl und Schörner. „Der Feind wurde gejagt, wo immer er angetroffen wurde." So beschrieb die „Münchener Zeitung" das „Husarenstück des Divisionskommandeurs."[11]

Doch zuvor musste noch jene Krise beim XVIII. Gebirgsarmeekorps des Generals der Infanterie Eugen Beyer überwunden werden, die dadurch entstanden war, dass die Oberste Führung, die nach der britischen und französischen Kriegserklärung an das Reich einen französischen Angriff gegen den Westwall befürchtete, am 13. September die 3. Gebirgsdivision des Generals Eduard Dietl überraschend ostwärts von Sanok aus der Front herauslöste und nach dem Westen transportierte.

Der 14. September 1939 stand ganz im Zeichen der Verfolgung des sich zäh verteidigenden Feindes. Der Schwerpunkt der deutschen Operationen lag jetzt eindeutig auf dem Südflügel des Ostheeres. Trotz ihrer Erschöpfung hetzte Pfeiffer mit seinen Gebirgsjägern vorwärts; galt es doch, drei gegnerische Divisionen westlich der Seenenge von Grodeck einzukesseln, sofern die 57. Infanteriedivision, die 2. Gebirgsdivision und die 7. Infanteriedivision den Ring um die Polen schließen konnten.

Und sie konnten! Daher zerschellte der Ausbruchsversuch der polnischen 11., der 24. und der 38. Infanteriedivision am 15. September an der Abwehr der Gebirgssoldaten und im massierten Feuer der Gebirgsgeschütze. Der schwer angeschlagene Feind versuchte zwar noch die Stellungen im Norden zu umgehen, wurde aber verfolgt und bei Lisnovychi umzingelt. In ihrer Verzweiflung berannten die Polen nun pausenlos die Stellungen der „Blumenteufel“, die den Einschließungsring daraufhin immer enger schlossen.

Dem Gegner gelangen zwar vereinzelt Einbrüche, aber der große Durchbruch wurde ihm durch die Deutschen vereitelt. Als der Feind nach Norden auswich, um über Janow nach Lemberg zu kommen, wurde das Bad Reichenhaller Gebirgsjägerbataillon als letzte Reserve durch Panzerjäger, Kradschützen und Gebirgsartillerie verstärkt und als „Kampfgruppe Pemsel“ nördlich von Dobrostany zum Angriff bereitgestellt. So konnte auch hier der mit letzter Verzweiflung kämpfende Gegner schließlich bezwungen und das wichtige Straßenkreuz Jaryna am 18. September in Besitz genommen werden. Damit war die Gefahr im Rücken der 1. Gebirgsdivision gebannt.

Für den Chef der 14. (schweren) Kompanie des Gebirgsjägerregiments 100 war der Preis für diesen Schlachterfolg jedoch sehr hoch, denn der Hauptmann Franz Pfeiffer wurde am 17. September 1939 bei Hule in der Nähe von Grodeck so schwer verwundet, dass er die Front verlassen und in ein Lazarett eingeliefert werden musste. Aufgrund seiner längeren Abwesenheit von der Truppe wurde er dem Gebirgsjägerersatzbataillon 100 zugeteilt.

Als noch nicht Genesender wurde Pfeiffer, der am 12. Oktober 1939 für seinen beherzten Einsatz im Polenfeldzug mit dem Eisernen Kreuz II. Klasse und am 1. März 1940 mit dem Eisernen Kreuz I. Klasse ausgezeichnet wurde, am 26. Februar 1940 an die Gebirgsschießschule nach Glasenbach bei Salzburg versetzt, wo er bis zum 8. November 1940 als Lehrer und Sachbearbeiter für Infanteriegeschütze seinen Dienst versah.

Anschließend wurde er mit Wirkung vom 17. Oktober 1940 auf eigenen Wunsch an die Eismeerfront zum Armeeoberkommando Norwegen versetzt, wo er im Gebirgsjägerregiment 136 im Raum Kirkenes als Lehrgangsleiter und Kompanieführer für schwere Infanteriegeschütze bei der 163. Infanteriedivision zum Einsatz kam. Am 6. Januar 1941 wurde Pfeiffer dann als Lehrgangsleiter zur 163. Infanteriedivision versetzt, um dort die Aufstellung und Ausbildung eines Skibataillons in die Wege zu leiten. Am 27. Februar 1941 erfolgte eine kurzzeitige Versetzung am Tarnetfjord als Chef der 6. Kompanie im Gebirgsjägerregiment 136 der 2. Gebirgsdivision unter dem Generalleutnant Valentin Feurstein.

Das Truppenkennzeichen der 1. Gebirgsdivision.

Franz Pfeiffer, ausgezeichnet mit beiden Eisernen Kreuzen von 1939. Auf der kleinen Ordensspange hat er zwei Dienstauszeichnungen, die Österreichmedaille und die Sudetenmedaille mit Spange „Prager Burg".

Kübelwägen älterer Bauart beim Einmarsch nach Österreich im März 1938.
Ein Posten der Feldgendarmerie regelt den Verkehr.

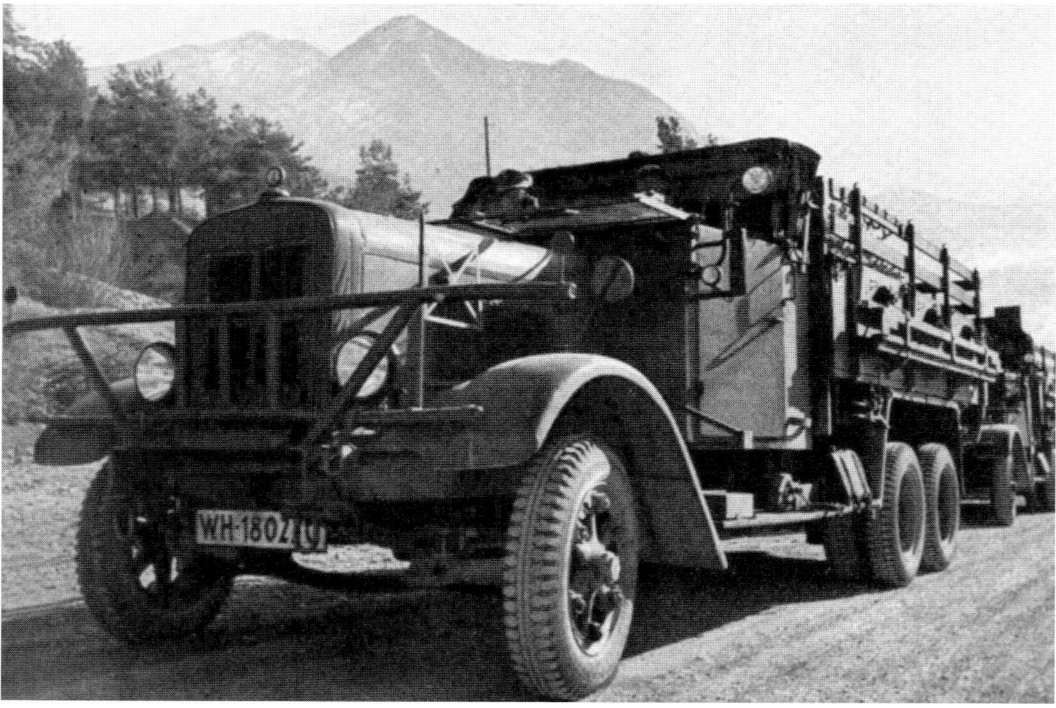

Ein sogenannter Einheitsdiesel der Nachrichtenabteilung
beim motorisierten Marsch über Gebirgsstraßen.

Gebirgsjäger von General Ludwig Küblers 1. Gebirgsdivision haben auf dem Großglockner die Reichskriegsflagge gehisst.

Während des Einmarsches in das Sudetenland im Oktober 1938 erkundet der Intendant der 1. Gebirgsdivision das Gelände. Er war ein enger Vertrauter von Franz Pfeiffer.

Gebirgsjäger entladen einen Lkw mit Geräten auf der Großglockner Hochalpenstraße.

Eine Tragtierkolonne auf den sandigen Wegen Südpolens im September 1939.

Gebirgsjäger auf einer Vormarschstraße, im Straßengraben liegen noch die Relikte der polnischen Niederlage.

Panzerjäger einer Gebirgsdivision durchfahren ein polnisches Dorf und werden dabei von den einheimischen Buben bestaunt.

In Galizien säumen Ölfördertürme den Vormarschweg einer Gebirgsjägereinheit.

Ein requirierter polnischer Leiterwagen erleichtert einigen Gebirgsjägern den Vormarsch nach Lemberg.

Kaum wird eine Rast befohlen, fallen die Gebirgsjäger vollkommen erschöpft in den Tiefschlaf.

Immer weiter schreiten die Gebirgsjäger in Richtung Lemberg voran.

Gefangene Polen warten mit Sack und Pack auf den Abtransport in die Gefangenschaft.

Ein Skikurs posiert am Eismeer vor der Kamera.

Tragtiere bei einer Rast an der Eismeerfront.

Ein interessanter Schilderbaum in der Innenstadt von Kirkenes zeigt sehnsuchtsvoll auf die Herkunftsgebiete der Gebirgsjäger. Graz ist mit 5.123 Kilometern am weitesten von Kirkenes entfernt.

Pfeiffers Vorgesetzte auf dem skandinavischen Kriegsschauplatz waren Eduard Dietl als Kommandierender General (rechts im Bild) und General Feurstein von der 2. Gebirgsdivision.

General Julius Ringel als Schöpfer und Kommandeur der 5. Gebirgsdivision während des Griechenlandfeldzuges 1941.

Oberst Willibald Utz als Kommandeur des Gebirgsjägerregiments 100 während des Griechenlandfeldzuges. Auf seiner Schulterklappe ist gut die berühmte „100" zu sehen.

Ein markiger Stoßtruppführer der Deutschen Wehrmacht. Mit Maschinenpistole im Anschlag und Handgranantenbeuteln umgehängt war er ein gefürchteter Gegner.

April 1941: Sturm auf die griechische „Metaxaslinie",
welche stark mit Bunkern ausgebaut war.

Eine Gebirgsjägereinheit marschiert schwer bepackt
über die bergigen griechischen Wege.

Gebirgsjäger mussten wieder einmal mit dem nassen Element zurechtkommen. Mit griechischen Fischkuttern und Booten aller Art setzte Pfeiffer mit seinen Gebirgsjägern auf Kreta über.

Gebirgsjäger mit einer 3,7-cm-Panzerabwehrkanone auf dem schwer umkämpften Flugplatz Malemes, welcher voll mit Wracks von Junkers Ju 53 Flugzeugen war.

Ein Stoßtrupp der Gebirgspioniere vor einem eroberten griechischen Bunker der „Metaxaslinie".

General Julius Ringel bedankt sich bei seinen tapferen Gebirgsjägern für ihren heldenhaften Einsatz auf Kreta.

Siegesparade vor dem königlichen Schloss in Athen. Hier wurde Hauptmann Pfeiffer zum Führer der Ehrenkompanie des Gebirgsjägerregiments 100 berufen.

Mit der 5. Gebirgsdivision im Griechenlandfeldzug

Am 1. April 1941 wurde Hauptmann Franz Pfeiffer wieder als Kompaniechef in sein angestammtes Gebirgsjägerregiment 100 versetzt. Dieses unterstand jedoch nicht mehr der 1. Gebirgsdivision des Generals Ludwig Kübler sondern nunmehr der 5. Gebirgsdivision des Generals Julius Ringel. Wie war es zu diesem neuen Unterstellungsverhältnis gekommen?

Bis zum Sommer 1940 hatte die Wehrmacht alle Gegner auf dem europäischen Festland in Blitzkriegen besiegt: Polen, Dänemark und Norwegen, die Niederlande, Belgien und Frankreich. Doch an ein baldiges Ende des Krieges war nicht zu denken. Denn Hitler sah sich plötzlich gezwungen, seinem bedrängten Bundesgenossen Mussolini zu Hilfe zu eilen, der seinen mit Griechenland begonnenen separaten Krieg zu verlieren drohte. Doch damit nicht genug. In letzter Minute musste auch noch Jugoslawien in den deutschen Aufmarschplan auf dem Balkan mit einbezogen werden, das durch einen innenpolitischen Umschwung in das Lager der Feinde abdriftete. Dabei befasste sich der Führer und Oberste Befehlshaber bereits mit dem Unternehmen „Barbarossa“. Mit von der Partie waren bei all diesen Feldzügen auch Gebirgstruppen. Daher war noch im Juni 1940 die 6. Gebirgsdivision aufgestellt worden. Ihr folgten im Herbst desselben Jahres die 4. und 5. Gebirgsdivision.

Letztere stellte Generalmajor Julius Ringel, ein bewährter Kaiserschützenoffizier der ruhmreichen, k. u. k. Armee, im Raum Salzburg – Tirol auf. Er war einer der herausragendsten, markantesten und volkstümlichsten Generale der deutschen Gebirgstruppe. Die Waffentaten seiner Gebirgsjäger im Balkanfeldzug beim Durchbruch durch die „Metaxaslinie“ sowie bei der Einnahme der Mittelmeerinsel Kreta zählen zu den großartigsten Leistungen der Männer mit dem Edelweiß im Zweiten Weltkrieg.

Zur Aufstellung der 5. Gebirgsdivision wurde von der 1. Gebirgsdivision das Gebirgsjägerregiment 100 abgegeben; von der 10. Infanteriedivision das Infanterieregiment 85, das nunmehr als Gebirgsjägerregiment 85 geführt wurde. Die übrigen Divisionstruppen mussten meist aus Abgaben anderer Einheiten neu formiert werden und trugen die Divisionsnummer 95. Das sich in vier Abteilungen gliedernde Gebirgsartillerieregiment 95 bildete die dritte Säule der „Gamsdivision“, die sich als taktisches Zeichen die Kitzbühler Gams auserkoren hatte.

Bereits Ende Februar 1941 war die neu aufgestellte 5. Gebirgsdivision einsatzbereit. Anfang März erreichte sie im Bahntransport den Raum Craiove in Rumänien, wo ausgeladen wurde. Dann zogen die Gebirgssoldaten über die Donau quer durch Bulgarien in Richtung Süden. Dort stießen sie auf Griechenlands stärksten Festungsgürtel, die „Metaxaslinie“, welche ehemalige k. u. k. Festungsbauspezialisten zwischen den beiden Weltkriegen errichtet hatten. Bietet schon die mehrfach gestaffelte Kette des Belasicagebirges jedem Angreifer ein natürliches Hindernis so wurde sein Vordringen angesichts der in Fels gehauenen Festungsanlagen zu einem nicht mehr abwägbaren Risiko. Diese Verteidigungslinie war ein mit Bunkern aus Stahl und Beton durchsetztes abwehrbereites Bollwerk, das sich geschickt in den gewachsenen Fels und in die bis zu 2.000 Meter hohen Berge einfügte. Als stärkster und zentraler Punkt galt dabei der 1.335 Meter hohe Festungsberg Istibei mit einer Besatzung von dreizehn Offizieren, 472 Mannschaften und dreiundvierzig Maschinengewehren, der 1.697 Meter hohe Nachbargipfel Popotliwitza mit einer Besatzung von vier Offizieren, 171 Mannschaften und dreißig Maschinengewehren sowie der 1.951 Meter hohe Rupesko mit einer Besatzung von sechs Offizieren, 211 Mannschaften und vier Maschinengewehren. Diese waffenstarrenden Bergfestungen lagen im Angriffsstreifen der 5. Gebirgsdivision.

In tiefer Staffelung wurde die Artillerie mit schwerstem Kaliber bis hin zu den 21-cm-Mörsern bereitgestellt. Die Sturmtruppen setzten sich aus Gebirgsjägern und Gebirgspionieren zusammen, von denen nach unzähligen Einzelgefechten und unbekannt bleibenden Heldentaten der Erfolg oder der Misserfolg des gesamten Unternehmens abhing. Mit von der Partie war als Kampfgruppenführer auch der Hauptmann Franz Pfeiffer vom Gebirgsjägerregiment 100 mit seiner 15. Kompanie.

Zunächst galt es, in dem noch tief verschneiten Gebirge die Gebirgsgeschütze zu zerlegen und dann im Seilzug in gut ausgewählte Feuerstellungen zu transportieren. Weder die unermüdlichen Tragtiere noch die Technik konnten bei dieser schweren Arbeit den auf sich allein gestellten Gebirgsartilleristen eine Erleichterung bringen. Zu alledem musste wegen der Feindeinsicht alles zur Nachtzeit bewerkstelligt werden.

Der Divisionskommandeur Ringel stellte später anerkennend fest: „Welch eine Leistung diese Transporte im Hochgebirge darstellen, kann nur der ermessen, der ähnliches im Hochgebirge mitgemacht hat.“[12]

Zu Angriffsbeginn pflügten Stukaangriffe in einem ungeahnten Ausmaße und schwerer Artilleriebeschuss mit allen Kalibern die Landschaft regelrecht um. Doch damit allein wurde die Kampfbereitschaft der Festungswerke und ihrer Besatzungen nicht ausgeschaltet. So blieb für die Sturmtruppen von Anfang an nur noch die Möglichkeit, die zerlegbaren Gebirgsgeschütze zur individuellen Schartenbekämpfung auf kurze Distanz einzusetzen. Man sah einen Erfolg überhaupt nur dann für gegeben, wenn das Risiko eines direkten Schartenbeschusses aus offener Feuerstellung erfolgen würde. Die Alternative, eine Schussabgabe aus verdeckter Stellung erzielte nämlich eine weit geringere Wirkung.

Am 6. April 1941, um Punkt 05.20 Uhr, sollte der Kampf der 5. Gebirgsdivision um die griechische „Metaxaslinie“ beginnen. Wie geplant wurde das Feuer aus offener Stellung auf die anvisierten Scharten und Blenden eröffnet. Erst dann konnten die Gebirgspioniere und Gebirgsjäger erfolgreich vorgehen. Der Kampfgruppenführer

Pfeiffer war mit seinen Sturmtruppen oft nur wenige hundert Meter von jenen Scharten getrennt, hinter denen der Gegner an seinen Maschinengewehren auf die Angreifer lauerte. Gegen 14.00 Uhr wurde die Gipfelkuppe von den Gebirgsjägern besetzt. Der Einzelkampf um jeden Schartenschlitz konnte nun beginnen.

Aufgrund des schwungvoll vorgetragenen Angriffs kapitulierten tags darauf nach und nach die ihrer zentralen Führung beraubten Teilwerke der „Metaxaslinie". Nach dem Durchbruch ergossen sich die deutschen Truppen von allen Seiten vom Norden Griechenlands auf staubigen Straßen südwärts. Inmitten dieses Raids befand sich auch die 5. Gebirgsdivision mit der 15. Kompanie des Hauptmanns Franz Pfeiffer.

Die Briten, insbesondere jedoch neuseeländische Einheiten, versuchten immer wieder den deutschen Vormarsch zu stoppen – und zwar insbesondere am Fuße des Götterberges Olymp sowie auf dem geschichtsträchtigen Boden bei den Thermopylen. Doch ohne Erfolg; obwohl ihnen der Wettergott zur Seite stand, denn die mediterrane Sonne brannte erbarmungslos auf die geschundenen „Blumenteufel" herunter, die ihre schwere Berguniform trugen, die zwar für einen Einsatz im rauen Hochgebirge optimal, jedoch für das Mittelmeerklima alles andere als zweckmäßig war.

Auf dem historischen Schlachtfeld der Thermopylen wurden die britischen Landungskräfte unter einer wesentlichen Mithilfe der deutschen Gebirgstruppe erneut geworfen und schließlich zum Verlassen des griechischen Festlandes gezwungen. Diese Schlüsselstellung war somit nicht, wie vielfach falsch gemeldet wurde, durch die 1. Kompanie des Panzerregiments 31 zu Fall gebracht worden. „Der Erfolg ist das ausschließliche Verdienst der Vorausabteilung der 72. Infanteriedivision", berichtet Karl Ruef, „von der wiederum die 11. Kompanie/Infanterieregiment 124 sowie die Reiterschwadron 112 der unterstellten Aufklärungsabteilung der 6. Gebirgsdivision unter ihren Führern Leutnant Niemann, Leutnant Glienicke sowie Oberleutnant Limbert hervorragenden Anteil haben."[13]

Am 25. April 1941 berichteten die „Innsbrucker Nachrichten": „In Griechenland wurde der Thermopylenpass durch umfassenden Angriff genommen, der Feind damit aus einer besonders starken und seit langem ausgebauten Verteidigungsstellung geworfen. An diesem Erfolg haben wieder Gebirgstruppen hervorragenden Anteil."[14] Jetzt war der Weg in die griechische Metropole endgültig frei.

Rund 1.500 Kilometer legte Hauptmann Franz Pfeiffer mit der 5. Gebirgsdivision unter dem XVIII. Gebirgsarmeekorps des Generals Franz Böhme im schweißtreibenden Fußmarsch während des Balkanfeldzuges zurück; angefangen von Rumänien über Bulgarien und Zentralgriechenland bis hinunter auf den Peloponnes. Am 26. April 1941 erreichte er den Stadtrand von Athen. Tags darauf zog er mit seinen Gebirgsjägern Richtung Akropolis, wo die Gebirgssoldaten unter Oberstleutnant Elsnitz die deutsche Reichskriegsflagge auf den klassischen Ruinen hissten, was „einen starken Eindruck auf den Führer [...] machte."[15] Nach Beendigung des Griechenlandfeldzuges berichtete das Oberkommando der Wehrmacht am 2. Mai 1941: „In

Griechenland haben die Verbände des deutschen Heeres die Besetzung des Peloponnes beendet. Auf dem griechischen Festland befindet sich kein kämpfender Brite mehr. In den Südhäfen des Peloponnes wurden die Reste der fliehenden Briten gestellt, bevor sie auf die Schiffe gehen konnten, und gefangengenommen. Die Zahl der britischen Gefangenen erhöhte sich hierbei auf 8 200 Mann. [...] Bei den Kämpfen in Mazedonien und Thrazien haben sich der Major Esch, die Hauptleute Mayerhofer und Pfeiffer eines Gebirgsjägerregiments, der Major von Viebahn und der Hauptmann Nietzsche eines Infanterieregiments durch besondere Tapferkeit ausgezeichnet."[16]

Doch damit nicht genug der Ehre für den Hauptmann Franz Pfeiffer. Neben der Nennung im Wehrmachtsbericht erhielt er für die Kämpfe seiner Gebirgsjäger in Mazedonien ein Anerkennungsschreiben des Oberbefehlshabers des Heeres, in dem Generalfeldmarschall Walther von Brauchitsch seine „hervorragende Tapferkeit auf dem Schlachtfeld" hervorhob.

Dem 3. Mai 1941 fieberte Pfeiffer voller Ungeduld entgegen. An diesem denkwürdigen Tage waren die Straßen Athens mit Hakenkreuzfahnen übersät. Vor dem königlichen Schloss waren Ehrenformationen aufmarschiert. Es war der Tag der Siegesparade. Pfeiffer wurde zum Führer der Ehrenkompanie des Gebirgsjägerregiments 100 berufen. An der Spitze aller deutschen und italienischen Marschblöcke marschierte jedoch nicht die 5. sondern die 6. Gebirgsdivision an Generalfeldmarschall Wilhelm List vorbei, der seinen Marschallstab zum Zeichen des Grußes mit der rechten Hand in die Höhe streckte. An seiner linken Seite stand General Ferdinand Schörner als Stadtkommandant von Athen und sah mehr als zufrieden durch seine Nickelbrille auf die vorbeimarschierenden Heerestruppen.

Es bestand kein Zweifel: Es war der Tag des Generals Schörner als „Sieger von Athen" und der des Hauptmanns Franz Pfeiffer, welche sich auch nach Schörners Entlassung aus zehnjähriger sowjetischer Kriegsgefangenschaft als geborene Münchner in einer besonderen herzlichen Kameradschaft verbunden blieben.

Das Truppenkennzeichen der 5. Gebirgsdivision.

Die Eroberung von Kreta

Mit der Kapitulation der griechischen Armee kehrte zunächst eine gewisse Ruhe ein. Die 5. Gebirgsdivision hatte sich diese auch mehr als verdient und verteilte sich jetzt über die griechischen Landschaften Euböa, Böotien und Attika. Das waren allesamt klassische Namen, die vielen Offizieren noch aus ihrer Gymnasialzeit in lebhafter Erinnerung haften geblieben waren. Doch die scheinbare Ruhe war trügerisch, denn schon liefen die Vorbereitungen für das Unternehmen „Merkur“ an. Dahinter verbarg sich die Eroberung der Mittelmeerinsel Kreta, wohin sich die geschlagenen Briten und Neuseeländer sowie – trotz der Kapitulation – auch kampfbereite Griechen mit ihrem König zurückgezogen hatten.

Dieses Luftlandeunternahmen gegen die Insel des Minotaurus griff nun in vielfältiger Weise in Pfeiffers militärischen Alltag ein. Zunächst einmal war die für ein solches Unternehmen geeignete 22. Luftlandedivision bereits für den Aufmarsch zum bevorstehenden Russlandfeldzug fest eingeplant und stand daher für eine Luftlandung auf Kreta nicht zur Verfügung. Ihre Aufgabe – und damit die Unterstützung und Ergänzung von Einheiten der Fallschirmjäger – fiel nunmehr der 5. Gebirgsdivision zu, die jedoch für eine Operation aus der Luft in keiner Weise ausgebildet war. Andererseits war nicht zu verkennen, dass den Gebirgstruppen mit ihren zerlegbaren Gebirgsgeschützen eine erhöhte Bedeutung während des Einsatzes im unwegsamen Berggelände der Mittelmeerinsel zukam.

Dann war es endlich soweit. Die Nervenanspannung war zum Zerreißen, als am 20. Mai 1941 deutsche Fallschirmjäger über Kreta absprangen. Der Kampf um die Mittelmeerinsel begann. Sehr schnell zeigte sich, dass mit einem Seetransport schwerer Waffen nicht gerechnet werden konnte und dass für die Luftlandungen nur der kleine Flugplatz von Maleme zur Verfügung stand. Dort landeten am Nachmittag des 21. Mai dann auch die ersten Gebirgsjäger der 5. Gebirgsdivision zur Unterstützung der zwischenzeitlich hart bedrängten Fallschirmjäger.

„Auch für uns gibt es nur einen Befehl,“ heißt es im Erinnerungsbuch der 12. Armee. „Die Insel muss genommen werden. Diese und ähnliche Gedanken gehen uns blitzschnell durch den Kopf, während wir schon über das schmale Kiesband am Meer rennen, um aus dem feindlichen Feuer herauszukommen. [...] Langsam und vorsichtig rollen die ersten Beutefahrzeuge mit verwundeten Fallschirmjägern und Gebirgsjägern an uns vorbei zu den Verbandsplätzen.“[17]

Währenddessen rollte über See ein Unternehmen an, das dem Hauptmann Franz Pfeiffer und seinen Gebirgsjägern zum Verhängnis werden sollte. Es war nicht nur eine „verrückte“ Fahrt, unverantwortlich und im Ergebnis entsprechend verlustreich; nein, „es war“, so der spätere VdK-Präsident (Verband der Kriegsbeschädigten, Kriegshinterbliebenen und Sozialrentner Deutschlands) und Staatssekretär Karl Weishäupl,

„eine Tragödie und ein Verbrechen der damaligen militärischen Führung in Bezug auf den Einsatz dieser Truppe."[18] Generalmajor a. D. Hans Steets, der letzte Kommandeur der 5. Gebirgsdivision, hält den „Argonautenzug" der Gebirgsjäger auf den „Seelenverkäufern" der griechischen Fischkutter in einem erschütterndem Bericht für die Nachwelt fest.

„Die luftgelandeten Gebirgsjäger benötigten dringend den Nachschub ihrer schweren Ausrüstung, die nicht mit den Junkers Ju 52 Transportflugzeugen befördert werden konnte. Es waren dies Gebirgsartillerie, Pak, Flak, Munition, Verpflegung und schließlich die im Gebirge unentbehrlichen treuen Mulis.

All das sollte durch Seetransport nachgeführt werden. Als die Engländer aus Griechenland nach Kreta abzogen, nahmen sie die ganze griechische Handelsflotte mit. Zurück blieben nur marode, noch mit Petroleum-Motoren angetriebene Fischkutter mit halbzerfetzten Segeln. Die Offiziere Ringels kämmten die griechische Küste durch und charterten, samt der griechischen Besatzung, an die rund einhundert solcher ‚Seelenverkäufer'. Sie wurden in Chalkis auf Euböa und im Hafen von Piräus zusammengezogen, das Transportgut dorthin in Marsch gesetzt sowie zwei Bataillone Gebirgsjäger, je ein Bataillon vom Gebirgsjägerregiment 85 und 100. Sie bildeten die beiden leichten Schiffsstaffeln, die von See her am Kap Spatha, an der nördlichen Westspitze Kretas auf freiem Strand in der Nacht vom 21. auf 22. Mai 1941 anlanden sollten.

Der deutsche Admiral Südost Schuster hatte für jeden Kutter einen Maat als Sachverständigen den Gebirgsjägern zugeteilt, die Schwimmwesten, Korkgürtel, bereitgestellt und unter dem Kommando des Kapitäns Bartels ein kleines Marinekommando nach Maleme geschickt, das die Anlandung der Gebirgsjäger vorbereiten sollte. Die italienische Marine stellte zwei Zerstörer als Begleitschutz, von denen sich der Zerstörer ‚Lupo' besonders um die Gebirgsjäger verdient machte.

Die griechischen Fischkutter wurden ‚Kaiks' genannt. Das Reichenhaller Unglücksbataillon, III. Bataillon/Gebirgsjägerregiment 100 unter Oberstleutnant Ehall, sollte von Piräus aus Maleme ansteuern, das Glücksbataillon, II. Bataillon/Gebirgsjägerregiment 85 unter Major Dr. Treeck, von Chalkis aus Iraklion anlaufen.

Etwa dreißig Kutter der 1. Staffel machten sich in der Nacht vom 20. zum 21. Mai auf den Weg. Die Kutter waren voll beladen. Die Beladungsliste eines solchen Kutters von ca. einhundert Bruttoregistertonnen umfasste zwei Offiziere, einhundertfünfzig Mann, zwölf Tragtiere, zwei Meldehunde, ein Pakgeschütz, einhundertvierundvierzig Granaten, vier Tonnen Gewehrmunition, ein Pkw, sieben schwere Kräder, zwei mittlere Kräder.

Mit sechs Stunden Abstand segelte die 2. ‚Leichte Schiffsstaffel' von Chalkis nach Süden. Die 3. ‚Schwere Staffel' wurde noch im Hafen von Piräus zurückgehalten. Die Halbinsel Spatha erstreckt sich westlich von Maleme zwanzig Kilometer weit in die Ägäis hinein. Ihre Felskuppen fallen steil zum Meer ab. Mit brennenden Augen suchten die Mariner die See ab. Auch General Ringel stand an der Küste und versuchte mit dem Fernglas seine Schiffsstaffel auszumachen. Stunde um Stunde verrann. Nichts zeigte sich auf der klaren ruhigen See.

Gegen Mitternacht wurden die müden Männer auf Kap Spatha aus ihrem Dösen gerissen. Sie sahen weit draußen Scheinwerferkegel aufblitzen, die suchend über die glatte See hinglitten. Die englische Flotte war da!

Leise Schreckensschreie hallten durch das nächtliche Dunkel, als draußen auf der See Geschützdonner hörbar war, begleitet von roten Fackeln in Brand geschossener und explodierender Schiffe. General Ringel stand lautlos, wie versteinert. ‚Meine Buam!' Er hatte sie zum letzten Mal bei seinem Flug nach Maleme unten bei Milos gesehen. Wie Nussschalen tuckerten die Boote weit auseinander gezogen durch die ruhige See. Später bekannte der Gebirgsjägergeneral freimütig:

‚Diese verrückte Fahrt der ‹Leichten Schiffsstaffeln› machte mir mehr Sorgen als der bevorstehende Flug meiner anderen Einheiten auf die Insel. Jede der beiden Staffeln sollte ab Kap Sunion ein italienischer Zerstörer begleiten, aber was können diese schon ausrichten, wenn auch nur ein einziger englischer Kreuzer auf der Bildfläche erscheint? Bei Tag wird das kaum der Fall sein, denn da sind unsere Flieger in der Luft. Was geschieht jedoch in den beiden Nächten, die meine Gebirgsmarineure wohl unterwegs sein werden?'

General Ringel ahnte nicht, dass nicht nur ein Kreuzer von Alexandria ausgelaufen war, sondern die ganze britische Mittelmeerflotte mit fünfunddreißig schweren, mittleren und leichten Einheiten. Darunter war der einzige Flugzeugträger im Mittelmeer, die 23.000 Tonnen schwere ‚Formidable' mit zweiundzwanzig Kampfflugzeugen. Auf dem Festland arbeiteten die griechischen und zurückgebliebenen englischen Geheimdienstagenten rund um die Uhr. Sie registrierten genau die Schiffszusammenballungen im Raum Piräus, Chalkis und meldeten nach London.

Diese Meldung rief den alten Seelord des 1. Weltkrieges der britischen Admiralität, Premier Winston Churchill, auf den Plan. Er setzte sofort die Mittelmeerflotte in Alexandrien unter dem Oberbefehl des Admirals Cunningham in Alarmbereitschaft und befahl deren Auslaufen. Der Admiral erhielt den strikten Befehl, alle Landungen der Deutschen, besonders bei Nacht, zu verhindern. Die britischen Aufklärer hatten die griechischen ‚Kaiks' gesichtet und mit Kurs nach Süden auf Kreta gemeldet. Es waren nur fünfzig bis sechzig armselige marode Nussschalen, überladen mit Menschen und schwerem Material. Der Oberbefehlshaber der Mittelmeerfront Lord Wavell funkte dem Admiral Cunningham: ‚Durchhalten! Dürfen Armee auf Kreta nicht im Stich lassen! Höchste Notwendigkeit, Feindlandung auf Seeweg nach Kreta zu verhindern!'

Der Admiral warf gegen etwa sechzig Fischkutter die ganze Mittelmeerflotte ins Gefecht! Er setzte seine wertvollen Schiffe, die die britische Seeherrschaft im östlichen

Mittelmeer bedeuteten, aufs Spiel. – So zögerten weder die britische noch die deutsche Führung, um den höchsten Einsatz zu spielen! – Eine ungeheure Flottenmacht schirmte die Insel des Minotaurus ringsum ab. Zunächst sandte der Kommandierende Admiral das Kreuzergeschwader des Konteradmirals King durch den Kanal von Kasos in den Raum nordwestlich Kretas. – Der Schiffsverband stand am 22. Mai gegen 04.00 Uhr auf der Höhe nördlich Iraklion und Rethymnon. Von Westen her erwarteten die Briten das Eingreifen der italienischen Flotte durch die Straße von Kythira. Dies sollte der Konteradmiral Rawling mit zwei Schlachtschiffen und acht Zerstörern verhindern.

Ein drittes Geschwader unter Konteradmiral Clennie mit drei Kreuzern und vier Zerstörern stieß zwischen Milos und Kreta nördlich von Maleme direkt auf die 1. ‚Leichte Schiffsstaffel' der Reichenhaller Jäger. Das III. Bataillon mit seinem Kommandeur, Oberstleutnant Ehall, versank in den Meeresfluten nach kurzem Artilleriebeschuss.

Der unerbitterliche grausame Kampf der englischen Flotte, des Goliath gegen den David, gegen eine Flottille von sechzig morschen Schiffskuttern mit rund fünfhundert Mann Besatzung sollte sich für die Engländer verhängnisvoll erweisen. Deutsche Seenotflieger starteten in Griechenland und suchten die Ägäis ab, warfen auf die in der warmen See treibenden letzten Überlebenden der 1. ‚Leichten Schiffsstaffel' Floßsäcke und Gummibeutel mit Verpflegung und vor allem Süßwasser ab.

Die Engländer bargen keinen einzigen Schiffsbrüchigen! In der Nacht vom 22. auf den 23. Mai erreichten zwei deutsche Schlauchboote mit einem Offizier und sechsunddreißig Jägern das Kap Spatha. Sie waren", so General Steets abschließend, „halbnackt, erschöpft, ohne ihre eigenen Habseligkeiten"[19]

Dass die deutsche Luftwaffe Vergeltung übte, indem sie schwere Vernichtungsaktionen gegen die britische Mitteleerflotte führte, war für den Hauptmann Franz Pfeiffer jedoch nur ein schwacher Trost, nachdem er bei Kap Spatha mit dem III. Bataillon/ Gebirgsjägerregiment 100 auf Küstenseglern durch britische Kriegsschiffe versenkt worden war.

Nach einer nicht für möglich gehaltenen Rettungsaktion wurde er anschließend mit schwerem Gelenkrheumatismus und Ruhr in ein Lazarett eingewiesen. Während dieser Zeit wurde er am 13. Juni 1941 als Chef der 15. Kompanie des Gebirgsjägerregiments 100 für seinen tapferen Kampfeinsatz während des Griechenlandfeldzuges mit dem Ritterkreuz des Eisernen Kreuzes ausgezeichnet.

Als Sumpfjäger zwischen Ladogasee und Wolchow

Am 15. Oktober 1941 wurde Franz Pfeiffer mit Wirkung vom 1. Oktober zum Major befördert und dann beim Stab des Gebirgsjägerregiments 100 mit der Entwicklung und Beschaffung der Winterausrüstung der Truppe für den ursprünglich in Finnland vorgesehenen Einsatz beauftragt.

Anfang Dezember 1941 zog sich die 5. Gebirgsdivision von der Mittelmeerinsel Kreta auf das griechische Festland zurück. Dieses Mal verlegte sie auf dem Luftwege in ihren ehemaligen Aufstellungsraum Salzburg – Tirol. Der Divisionsstab bezog sein Quartier in Zell am See. Für den Major Pfeiffer war damit eine Umstellung vom sonnigen und warmen Mittelmeer in die winterlichen Alpen verbunden. Aber es waren immerhin die heimischen Berge, die für ein allgemeines Wohlbefinden sorgten und die Schatten des rauen Kriegsalltages relativ schnell verdrängten.

Die Zeit verging wie im Flug. Pfeiffer wurde voll und ganz von den verschiedenen Umorganisationen innerhalb der „Gamsdivision", wie die Landser ihren Gebirgsgroßverband liebevoll bezeichneten, beansprucht. Schließlich wurde eine Winterausbildung, deren Hintergrund noch verborgen blieb, aber allerlei Gerüchte aufkommen ließ, betrieben. Jedenfalls bot sie dem passionierten alpinen Skiläufer reichlich Gelegenheit, seine sportlichen Ambitionen zu befriedigen. Die immer mehr in den Vordergrund tretenden Skiübungen im flachen Gelände verdichteten jetzt die Vermutungen, die 5. Gebirgsdivision könnte wie die 2. und 6. Gebirgsdivision in der Tat auf dem skandinavischen Kriegsschauplatz eingesetzt werden.

Aber weit gefehlt! Denn der „Fünften" wurde im weiteren Verlauf des Zweiten Weltkrieges jenes Schicksal zuteil, das bereits im Ersten Weltkrieg einer ebenso elitären Truppe widerfahren war – und zwar dem Deutschen Alpenkorps. Das Verhängnis bestand darin, überall dort als Rollbahnfeuerwehr eingesetzt zu werden, wo es gerade lichterloh brannte. War der Einsatz der „Gamsdivision" als Luftlandetruppe noch damit begründet worden, dass gerade die zerlegbaren Gebirgsgeschütze und andere schwere Waffen der flexiblen Gebirgstruppe für den Lufttransport besonders geeignet waren und auf Kreta das dortige gebirgige Gelände eine Spezialtruppe für den Gebirgskrieg geradezu zwingend erforderlich machte, so konnte auch kein nur ähnlich lautendes Argument den plötzlichen Einsatz einer bewährten Gebirgsdivision in dem flachen Land um Leningrad, dem ehemaligen und heutigen St. Petersburg, rechtfertigen.

Was hatte sich bisher am Nordflügel der deutschen Ostfront ereignet, der den Einsatz der 5. Gebirgsdivision dort, statt in Finnland, erforderlich machte? Bereits in der „Weisung Nr. 21" für den „Fall Barbarossa" vom 18. Dezember 1941 hieß es: „[...] erst nach der Vernichtung der Feindkräfte im Baltikum, der die Besetzung von Leningrad und Kronstadt folgen muss [...] sind die Operationen gegen Moskau fortzuführen."[20]

Zu dieser Vernichtung war es jedoch nicht gekommen, weil sich die Rote Armee seit Beginn des Russlandfeldzuges tief gestaffelt dem deutschen Angriff entzogen und zunächst hinter die Düna und später die Newa abgesetzt hatte. Hitler hielt aber an „seinem ideologischen Ziel, Leningrad als Brutstätte des sowjetischen Kommunismus zu zerstören", fest und blieb, laut den Tagebucheintragungen des Generalobersten Franz Halder vom 8. Juni 1941 dabei, „Moskau und Leningrad dem Erdboden gleich zu machen, um die dortigen Menschen nicht während des Winters ernähren zu müssen."[21]

Aber noch war es nicht soweit. Zwar hatte die Heeresgruppe Nord unter dem Generalfeldmarschall Wilhelm Ritter von Leeb bis Anfang September 1941 die Newa erreicht und am 8. September Schlüsselburg genommen. Es war ihr zunächst sogar in heftigen Kämpfen gelungen, bis an den südlichen Stadtrand von Leningrad vorzudringen. Doch dann konnten sich die erschöpften deutschen Truppen nicht mehr gegen den fanatischen Widerstand der Leningrader Arbeitermilizen durchsetzen. Auch der deutsche Versuch, einen zum Schutz von Kronstadt durch sowjetische Marineeinheiten gebildeten Brückenkopf bei Oranienburg zu beseitigen, misslang der Wehrmacht aus Kräftemangel. Ebenso wenig war es den Deutschen gelungen, die Verbindung mit den Finnen herzustellen, die zwischen dem Onega- und Ladogasee bis zum Swir vorgestoßen waren. Damit blieben ähnlich wie auf dem Südflügel der Ostfront im Donezgebiet und bei Rostow die befohlenen Operationen auch gegen Leningrad ohne den erstrebten Erfolg.

Daher wurden weitere Verbände und Einheiten der Heeresgruppe Nord zugeführt, um die operativen Ziele bei Leningrad doch noch zu erreichen. Unter ihnen befand sich auch die 5. Gebirgsdivision mit ihrem in zahlreichen Feldzügen bewährten Gebirgsjägerregiment 100. „Aus der herrlichen ‚Gamsdivision' wurde die ‚Rollbahnfeuerwehr', die hunderte kleine und kleinste Waffentaten aufzuweisen hatte, aber nur die 2. und 3. Ladogaschlacht als große Siege", beklagte sich General Julius Ringel. „Wir erlitten das gleiche Schicksal wie die Kaiserjäger [...] des Ersten Weltkrieges – aus der ‚Not am Mann' heraus ‚Korsettstangen' geworden zu sein. Und wir beneideten unsere Kameraden von den anderen Gebirgsdivisionen, weil sie beisammenbleiben konnten."[22]

In der zweiten Märzhälfte des Kriegsjahres 1942 wurde die Division in ihren neuen Einsatzraum verlegt. Zuvor war der Major Pfeiffer im Februar zum Kommandeur des II. Bataillons des Gebirgsjägerregiments 100 ernannt worden. Dort konnte sie zunächst noch als geschlossener Truppenteil bei Pogostje, Leningrad und Schlüsselburg sowie am Ladogasee und Wolchow zum Einsatz kommen. „Es war immer das gleiche Bild, wenn eine Division aus heiterem Himmel einen Verlegungsbefehl erhielt: aufgeschreckte Stäbe, Befehle an die Truppe, Telefonate, Melder, Ordonnanzoffiziere, Packen, Kopfzerbrechen wegen Verladeraum, Gerüchte, Spekulationen."[23]

Nun erleben wir den Major Franz Pfeiffer mit dem Gebirgsjägerregiment 100 im Pogostjesack und dann, bis etwa Ende Mai, westwärts von Werigowtschina im Kampfeinsatz. Dann wiederum wechselte er mit seinen Gebirgsjägern bis Ende August in den Raum von Krasny – Bor und an die eigentliche Wolchowfront. Doch in diesem Abschnitt stellte sich keine Ruhe ein. Als Führer des Gebirgsjägerregiments 100 von August bis November/Dezember 1942 hatte er alle Hände voll zu tun.

Am 3. September 1942 begann die 1. Ladogaschlacht. Sie erforderte wechselhafte Einsätze der Landser und zog sich bis Weihnachten hin. Schwerpunkte für Pfeiffers Gebirgsjäger waren und blieben hierbei die Abschnitte an der Newa. Nun wurden in zunehmender Weise einzelne Einheiten der 5. Gebirgsdivision als Rollbahnfeuerwehr an schwach besetzten oder besonders bedrohten Abschnitten eingesetzt. Dabei blieb es nicht aus, dass der Kampfwert der erprobten Gebirgstruppe zwangsläufig immer dort nachließ, wo der Einsatz sogar oft unter die magische Bataillonsstärke fiel und nur noch einzelne Kompanien oder Batterien als allerletzte Nothelfer eingesetzt werden konnten.

„Das wirkt auf die Russen wie ein Alarmsignal", erfahren wir von General Ringel. „Mit wildem ‚Urra', ‚Urra' stürmen sie los, hasten über die deckungslose Fläche, als ob sie Feuer im Nacken hätten. Und nun knattern die Gewehre und Maschinenwaffen der Gebirgsjäger in die rennenden Haufen, die sich blitzschnell hinwerfen. Erst als sie wieder hochkommen und noch näher heranlaufen, sieht man, wie gelichtet ihre Reihen sind."[24]

Aber nicht nur die Rote Armee sondern ebenso die Wehrmacht hatte am Wolchow, am Ilmen- und Ladogasee einen allzu hohen Blutzoll zu entrichten. Bei diesen Kampfhandlungen wurde der Ritterkreuzträger Pfeiffer gleich zweimal leicht und zweimal schwer verwundet, sodass er zunächst in das Gebirgsjägerersatzregiment 137 und am 12. April 1943 in die Führerreserve des Oberkommandos des Heeres versetzt wurde. Nach einem Lazarettaufenthalt erfolgte am 2. Juni 1943 seine Versetzung in das Bad Reichenhaller Gebirgsjägerersatzbataillon 100.

Regimentskommandeur in der Division „Brandenburg"

Nach seiner Wiedergenesung forcierte Pfeiffer eine Wiederverwendung als Truppenoffizier im Fronteinsatz. Auf Befehl des Heerespersonalamtes meldete er sich daher im Sommer 1943 in Berlin-Grunewald am Hohenzollerndamm 155 im Haus Nr. 10, wo er sich für die Geheimkommandos der Division „Brandenburg" begeisterte, sodass er am 17. Juli 1943 mit Wirkung vom 15. Juli zum Kommandeur des 2. Regiments ernannt wurde.

Am 8. August 1943 zum Oberstleutnant befördert, wurde Pfeiffer nun auf dem Balkan eingesetzt. Sein Operationsgebiet umfasste Nordgriechenland, Albanien, Montenegro und den serbischen Raum. Noch vor der 1. Gebirgsdivision unter Generalleutnant Ritter von Stettner war der Ritterkreuzträger mit seinen Südtirolern in Montenegro einmarschiert, hatte die Brücke über den Lim mit einem Kommandounternehmen genommen und dann eine serbische Brigade aufgerieben.

Während einer kurzfristigen Verzahnung mit der 1. Gebirgsdivision kam es bedauerlicherweise wiederholt zu Reibereien zwischen dem Kommandeur des 2. Regiments „Brandenburg" und Offizieren der Stammdivision der deutschen Gebirgstruppe. So machte der überaus ehrgeizige 1. Generalstabsoffizier Thilo abfällige Äußerungen über den Ritterkreuzträger, für die er sich dann entschuldigen musste. Eine andere Auseinandersetzung fand während des Unternehmens Korfu statt, die eine Beschwerde Pfeiffers über den Kommandeur des Gebirgsjägerregiments 99 nach sich zog.[25]

Am 20. Februar 1944 und mit Wirkung vom 1. Januar 1944 zum Oberst befördert, wurde Pfeiffer zeitweise als Divisionsführer der „Brandenburger" und Führer von Kampfgruppen eingesetzt; insbesondere in Montenegro, wo ihm unter anderem Muselmanische Legionen, königstreue Cetnikverbände unter dem serbischen General Dragomir Mihajlowić, Polizeiregimenter und eine in Aufstellung befindliche montenegrinische Legion unterstellt wurden. Im Herbst 1944 kämpfte sich Pfeiffer mit der „Gespensterdivision Brandenburg" vom Eisernen Tor bis nach Belgrad zurück, wo ihm der Ausbruch aus dem Kessel gerade noch rechtzeitig gelang. Doch zunächst einmal der Reihe nach.

Die Division „Brandenburg" zur besonderen Verwendung (z.b.V.) 800 war eine deutsche Sondereinheit für verdeckte Einsätze, die meist hinter den feindlichen Linien stattfanden. Gebildet wurde sie aus der seit 1939 bestehenden Abteilung II „Sabotage und Subversion" der militärischen Abwehr sowie der Deutschen Kompanie unter der Leitung von Siegfried Grabert. Im Oktober 1939 wurde in Brandenburg an der Havel die Baulehrkompanie zur besonderen Verwendung 800 gebildet. Nach dem

1.Gebirgs-Division Divon Div.Gef.St., den 19.10.1943.

-Kommandeur-

Nr.394/43 geh.

Geheim!

An

Gen.Kdo.XXII.(Geb.)A.K.

KTB

Betr.: Beschwerde des Kommandeurs Rgt. 2 Brandenburg.

Bezug: Gen.Kdo.XXII.(Geb.)A.K.Ia Br.B.Nr.1513/43 geh. v. 18.10.1943.

Zu dem Bezugsschreiben melde ich:

1.) Ich habe für das Unternehmen Korfu keine Kompanie des Rgt. 2 Brandenburg angefordert; die Kompanie wurde mir vielmehr ohne mein Zutun zugeführt.

2.) Als die Kompanie des Rgts. 2 Brandenburg am Einladeort Igumenitza eintraf, war die Lage auf Korfu so, dass zuerst zur Unterstützung der schwachen bereits gelandeten Kräfte die für den Kampf um den Brückenkopf erforderlichen taktisch wichtigsten Kampfkräfte der Division übergesetzt werden mussten.

Der Laderaum war äusserst beschränkt, die Überfahrt durch mehrere feindliche Luftangriffe erschwert. Ich habe persönlich dem Oberstleutnant Pfeiffer die schlechte Übersetzlage klargelegt.

3.) Die Kompanie des Rgts.2 Brandenburg wurde übergesetzt, sobald die Lage auf Korfu mit genügend starken Kräften gefestigt war.

4.) Den Einsatz der Kompanie des Rgt. 2 Brandenburg habe ich persönlich mit Oberstleutnant Pfeiffer besprochen und hatte vorgesehen, die Kompanie nach den Vorschlägen des Oberstleutnants Pfeiffer einzusetzen. Zu dem vorgesehenen Einsatz kam es jedoch nicht mehr , da der Feindwiderstand auf der ganzen Insel durch einen kühnen Umfassungsstoss einer Kampfgruppe der Div. frühzeitig zusammenbrach.

Stellungnahme des Kommandeurs der 1. Gebirgsdivision, Walter Stettner Ritter von Grabenhofen, zum Beschwerdeschreiben des Kommandeurs des 2. Regiments „Brandenburg" – Seite 1.

5.) Nach erfolgtem Übersetzen seiner Kompanie forderte Oberstleutnant Pfeiffer vom Führer der Landungstruppe ständig Kraftfahrzeuge an, obwohl er wusste, dass die übergesetzten Kräfte selbst nur ganz wenige Kraftfahrzeuge mit sich führten. Die Kraftfahrzeuge des Rgt. 2 Brandenburg wurden nur für den Transport der Kompanie selbst eingesetzt.

Dagegen wurden die Schiffe der Küstenjäger-Kompanie in Ermangelung von Schiffsraum im Einverständnis mit deren Führer zum Übersetzen von Mannschaften und Gerät der Division ausgenützt, nachdem keine anderen Aufgaben für die Küstenjäger-Kompanie vorhanden waren.

6.) Der Führer der Küstenjäger-Kompanie hat bei der ersten Landung auf Korfu nicht entsprochen, weil er den mit ihm vorher mündlich besprochenen und auf seinen eigener Vorschlägen beruhenden Befehl nicht ausgeführt hat. Ich habe ihm hierüber Vorhalt gemacht und auch dem Oberstleutnant Pfeiffer von dem Versagen der Küstenjäger Kompanie Kenntnis gegeben.

Generalmajor und Div.Kommandeur.

Stellungnahme des Kommandeurs der 1. Gebirgsdivision, Walter Stettner Ritter von Grabenhofen, zum Beschwerdeschreiben des Kommandeurs des 2. Regiments „Brandenburg" – Seite 2.

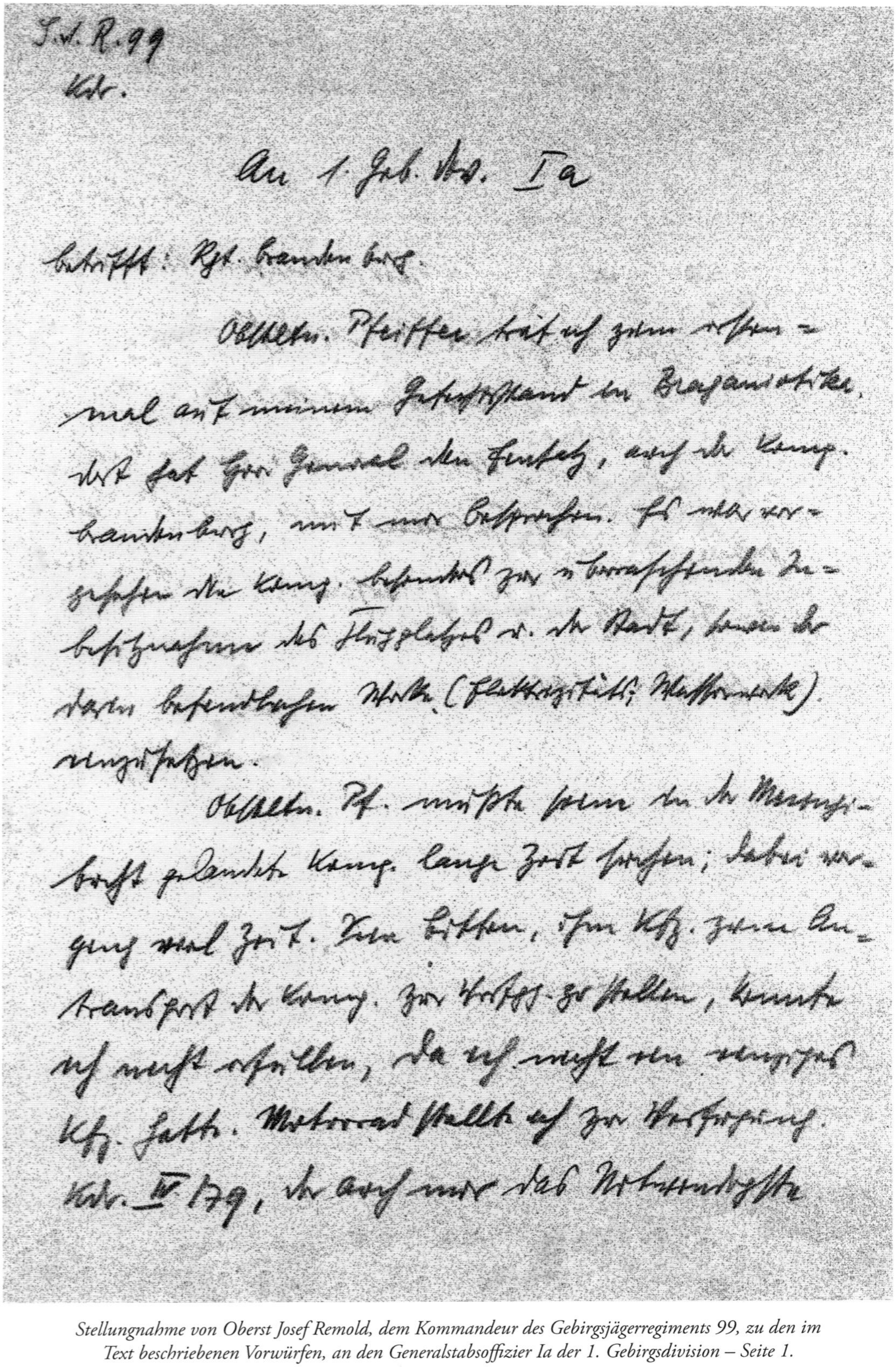
G.J.R. 99
Kdr.

An 1. Geb. Div. Ia

betrifft: Rgt. Brandenburg.

Stellungnahme von Oberst Josef Remold, dem Kommandeur des Gebirgsjägerregiments 99, zu den im Text beschriebenen Vorwürfen, an den Generalstabsoffizier Ia der 1. Gebirgsdivision – Seite 1.

an Kfz. hatte, konnte ihm auch nicht helfen. Der Angriff ging gut vorwärts. Schon um 15^{30} fiel der Stavros-Paß. Ich stieß mit einer aus beiden L.K.W. zusammengestellten Vorausabtlg. nach Korča durch, das 15^{40} erreicht war.

Die Komp. Brandenburg marschierte in Ermangelung von Kfz. noch weit im Rücken der Inf. Der rasche Fortgang des Angriffs hat den Einsatz der Komp. verhindert, der schon genau besprochen war.

Remold

Stellungnahme von Oberst Josef Remold, dem Kommandeur des Gebirgsjägerregiments 99, zu den im Text beschriebenen Vorwürfen, an den Generalstabsoffizier Ia der 1. Gebirgsdivision – Seite 2.

Frankreichfeldzug wies der Verband 1940 bereits eine Regimentsstärke mit drei Bataillonen, die in Brandenburg, Düren und Baden bei Wien stationiert waren, auf. Ab 1941 erfolgte die Umbenennung in „Sonderverband 800". Im Rahmen der weiteren Aufgabenstellung erreichte der „Sonderverband" schließlich eine Divisionsstärke mit fünf Regimentern. Die neue Bezeichnung lautete ab 1. November 1942 Division „Brandenburg". In ihr wurden viele Spezialausbildungen durchgeführt; insbesondere in den verschiedenen Sprachen und Gebräuchen der unterschiedlichen Einsatzgebiete. Im Dezember wurde dieser „Sonderverband" nach seiner Erweiterung direkt dem Amt Ausland/Abwehr im Oberkommando der Wehrmacht unterstellt.

„Der Aufbau", so der Militärschriftsteller Franz Kurowski in seinem zweibändigen Werk über die deutschen Kommandotrupps, „vollzog sich gemäß dem noch zur Verfügung stehendem Truppengerät und Waffen nur langsam. [...] Seit dem 9. Februar 1943 Divisionskommandeur, war es von Pfuhlstein möglich, mit voller Unterstützung des Heerespersonalamtes und des [...] Wehrmachtführungsstabes die Division kampfstark zu machen. Aber erst am 1. April 1943 konnte das OKW [Oberkommando der Wehrmacht] durchsetzen, dass diese neue Division direkt ihm unterstellt wurde und nicht dem Reichssicherheitshauptamt der SS. Allerdings ging zugleich damit auch der direkte Einfluss der Abwehr auf ihre ‚Haustruppe' verloren."[26]

Bis zum 12. Februar 1944 war die Division „Brandenburg" nämlich teilweise der Abwehr des Admirals Canaris unterstellt. Als dieser sich entschloss, „sich in den ‚Brandenburgern' eine Haustruppe, einen ‚offensiven Nachrichtendienst' zu schaffen, bewegten ihn kaum die mehr oder weniger nachahmenswerten alliierten Vorbilder, als die Tatsache, dass er für seine vielseitigen Aufgaben Männer brauchte, die speziell geschult sein mussten und die dann auch als Soldaten in den Genuss aller Versorgungsrechte regulärer Truppen kommen sollten."[27]

Dann erfolgte die Überstellung der „Brandenburger" zum Reichssicherheitshauptamt. Nach dem Attentat auf Adolf Hitler am 20. Juli 1944 wurden Teile der Division „Brandenburg" von den SS-Jagdverbänden übernommen. Zunächst erklärte der Chef des Wehrmachtführungsstabes dem Kommandeur der Division „Brandenburg": „Der Wehrmachtführungsstab hat für die [Kriegsschauplätze des Oberkommandos der Wehrmacht] keine eigene Truppe. Jede Division muss mühsam und oft mit erheblichem Ärger vom Oberkommando des Heeres erbettelt werden. Dies ist ein unwürdiger und zugleich unerträglicher Zustand! Die neu aufgestellte Division ‚Brandenburg' wird deshalb als einzige Haustruppe unmittelbar dem Wehrmachtführungsstab unterstellt und von diesem eingesetzt werden."[28]

Durch diese Mitteilung des Generals der Artillerie Alfred Jodl waren die „Brandenburger" zur Haustruppe des Oberkommandos der Wehrmacht aufgestiegen. Oberst von Pfuhlstein erhielt die Anweisung, Vorschläge für die zukünftigen Einsätze seiner Division auszuarbeiten. Am 27. März 1943 legte er seine diesbezüglichen Ausführungen dem Wehrmachtführungsstab vor, der diese befürwortete. Nach der Aufstellung der Divisionsverbände sah die Gliederung und Stellenbesetzung der Division „Brandenburg“ folgendermaßen aus:[29]

Divisionskommandeur:	Generalmajor von Pfuhlstein
Erster Generalstabsoffizier:	Major Frankfurth
Ia:	Hauptmann Wülberg (bis 31. Mai 1943)
IIa und Divisionsadjutant:	Hauptmann Pinkert
Heimatstab:	Berlin (aus dem Stab des Lehrregimentes „Brandenburg“ hervorgegangen)

Divisionstruppen:

Nachrichtenabteilung „Brandenburg“:	Hauptmann Eltester
Heimatstab:	Berlin
Tropenabteilung „Brandenburg“ mit 1. bis 4. Kompanie (als Abteilung von Koenen):	Major von Koenen
Küstenjägerabteilung „Brandenburg“ mit 1. bis 4. Kompanie:	Rittmeister Konrad von Leipzig
Standort:	Langenargen/Bodensee
Fallschirmjägerbataillon „Brandenburg“ mit 1. bis 4. Kompanie:	Hauptmann Weithoehner
Standort:	Stendal

Die Regimenter:

1. Regiment „Brandenburg“:	Major Walther
Regimentseinheiten:	1 Kompanie / Nachrichtenabteilung „Brandenburg“
I. Bataillon mit 1. bis 3. Kompanie und Legionärskompanie:	Rittmeister Plitt / Hauptmann John
II. Bataillon mit 5. bis 7. Kompanie:	Hauptmann G. Pinkert / Oberleutnant Rosenow
III. Bataillon mit 9. bis 12. Kompanie:	Hauptmann Froboese / Oberleutnant Wandrey

2. Regiment „Brandenburg“:	Oberstleutnant von Kobelinsky / Oberstleutnant Pfeiffer
Regimentseinheiten:	1 Kompanie / Nachrichtenabteilung „Brandenburg“
I. Bataillon mit 1. bis 3. Kompanie:	Hauptmann Weithoener
II. Bataillon mit 5. bis 7. Kompanie:	Hauptmann Oesterwitz
III. Bataillon mit 9. bis 11. Kompanie:	Hauptmann Renner
3. Regiment „Brandenburg“:	Oberstleutnant Fritz Jacobi
Regimentseinheiten:	1. Kompanie / Nachrichtenabteilung „Brandenburg“
I. Bataillon mit 1. bis 3. Kompanie:	Oberleutnant Kriegsheim
II. Bataillon mit 5. bis 8. Kompanie:	Hauptmann Bansen
III. Bataillon mit 9. bis 12. Kompanie:	Hauptmann Grabert
4. Regiment „Brandenburg“:	Oberstleutnant Heinz
I. Bataillon mit 1. bis 4. Kompanie:	Hauptmann Hollmann / Hauptmann Gerlach
II. Bataillon mit 6. bis 8. Kompanie:	Hauptmann Dr. Hartmann / Oberleutnant Lau
III. Bataillon mit 11. bis 13. Kompanie:	Major von Koenen

Selbständige Kompanien:

14. Kompanie (später umbenannt in 16. Kompanie):	Oberleutnant Hettinger
15. (leichte) Kompanie (Fallschirmjägerkompanie):	Oberleutnant Oschatz

Ergänzungstruppenteil der Division „Brandenburg“:

Lehrregiment „Brandenburg“:	Major Martin
I. Bataillon:	Brandenburg/Havel
II. Gebirgsjägerbataillon:	Baden bei Wien (später Veldes/Oberkrain)
Legionärsbataillon „Alexander“ (1. [weiße] und 2. [schwarze] Kompanie):	Hauptmann Auch

Geheime Kommandounternehmen auf dem Balkan

Wie bereits erwähnt befand sich Pfeiffers Einsatzgebiet auf dem Balkan zunächst in Nordgriechenland, Albanien und Montenegro. Nachdem das 2. Regiment „Brandenburg" unter Oberstleutnant von Kobelinsky mit seinen letzten Truppenteilen erst im März/April 1943 aus dem Kaukasus zurückgekehrt war, verstarb der Regimentskommandeur Ende Juni an einer schweren Krankheit. Für ihn übernahm nun Oberstleutnant Franz Pfeiffer das 2. Regiment, das am 9. Juli verladen und nach Nordgriechenland verlegt wurde. Damit zeichneten sich für die „Brandenburger" folgende schwerpunktmäßigen Kampfeinsätze ab:[30]

1. Regiment (Major W. Walther)

I. Bataillon:	Raum Pustoschka/UdSSR
II. Bataillon:	Raum Sarajewo/Jugoslawien
III. Bataillon:	Raum Theben/Mittelgriechenland

2. Regiment (Oberstleutnant Pfeiffer)

I. Bataillon:	Raum Ptolemais/Nordgriechenland
II. Bataillon:	dito
III. Bataillon:	dito

3. Regiment (Oberstleutnant Fritz Jacobi)

I. Bataillon:	Raum Pustoschka/UdSSR
II. Bataillon:	Pyrenäen/Südfrankreich
III. Bataillon:	Raum Karatschew/UdSSR

4. Regiment (Oberstleutnant Heinz)

I. Bataillon:	Peleponnes/Südgriechenland
II. Bataillon:	Raum Sarajewo/Jugoslawien
III. Bataillon:	dito (dem Regiment direkt unterstellt)

Die Kämpfe wurden in Nordgriechenland mit einer unerhörten Härte geführt. Das Kriegstagebuch des Oberleutnants Konrad Steidl berichtet darüber unter anderem:[31]

„Nach tagelanger Aufklärung konnte ich feststellen, dass im Raume um Klisoura stärkere Bandengruppen Unterschlupf gefunden hatten. Ich meldete Oberstleutnant Heinz und erhielt Befehl, einen motorisierten Vorstoß in die südlichen Klisouraschluchten durchzuführen. Mit einem B-Krad [Krad mit Beiwagengespann] fuhr ich mit dem Maschinengewehrtrupp an der Spitze. Vom Regiment war mir die große Zugmaschine der Vierlingsflak unterstellt worden. Als wir nach vorsichtiger Fahrweise – die Straßen waren teilweise vermint – an einen Dorfeingang herankamen, wurde ich auf einige Meter aus einem Gebüsch angeschossen. Ich sprang vom Krad, eröffnete das Feuer mit meiner Maschinenpistole auf zwei fliehende Partisanen und streckte sie zu Boden.

Das Dorf ist voll mit Partisanen belegt. Abgesessen und aus der Bewegung heraus greifen wir das Dorf an. Flammen züngeln aus den Häusern empor. Das Dorf wird geräumt, aber auf den Berghängen schießen die Partisanen noch auf alles, was sich ihnen zeigte. Wir können nicht an sie heran und ich muss den Rückzug befehlen. Unteroffizier Gröber wurde von einem tieffliegenden Flakgeschoß der Kopf abgerissen.

Der nächste Einsatz führt uns gegen starke Partisanengruppen im Raume Vlasti. Im Nachtmarsch erreichen wir über Ptolemais den Ausgangspunkt. Meine Kompanie rollt an der Spitze. Wir ziehen ins Gebirge hinauf. Es herrscht Vollmond und alles wird fast taghell erleuchtet. Um Mitternacht machen wir in einem Hohlweg Rast, der dicht mit Gebüsch bestanden ist und gute Deckung bietet. Vlasti liegt vor uns. Wir pirschen uns an das Dorf heran, überwinden Steinbarrikaden und erreichen dann den Dorfeingang. Das Gefecht beginnt und am Morgen ist die Ortschaft in unserer Hand.

Am nächsten Nachmittag erreichen wir den Gefechtsstand von Weithoener. Hier traf wenige Stunden darauf General von Pfuhlstein zu einer Inspektionsreise ein.

In der Nacht ging es weiter. Renner hatte inzwischen mit seiner Kompanie den Klisourapass erstürmt, wir bewegen uns auf Eratira zu. Die Masse des Feindes hat sich nach Süden über den Aliakmon zurückgezogen. Im Nachteinsatz werden einige bandenbesetzte Dörfer südlich des Aliakmon genommen. Der Angriff gegen die mit kommunistischen Banden vollgestopfte Stadt Neapolis wird nach Überschreiten des Aliakmon zu einem gefährlichen Unterfangen, denn der Feind feuert aus allen Waffen.

Ich krieche zu Weithoener vor, erhalte den Einsatzbefehl, mit der Kompanie links der Straße nach Neapolis zu stürmen. Dies bei vierzig Grad Hitze. Aber wir ringen Höhe um Höhe nieder. Unser Angriff wird durch Leichtgeschütze der Fallschirmtruppe, durch 7,5-cm-Pak und Flak unterstützt.

Zur gleichen Zeit greift Oesterwitz entlang der Straße an. Aus den ersten Häusern und Stellungen am Dorfeingang peitscht uns heftiges Feuer entgegen. Mit einem Zug meiner Kompanie breche ich ein und schlage in heftigem Häuserkampf den Gegner hinaus. In der Ortsmitte sprenge ich noch ein Munitionslager mit einer Handgranate in die Luft. Oberstleutnant Pfeiffer traf ein und beglückwünschte uns zum Erfolg."

Eine der wichtigsten militärischen Aufgaben der Wehrmacht und Waffen-SS wurde im Laufe der Zeit in Südosteuropa die Bekämpfung der von den Alliierten versorgten und immer mächtiger werdenden Widerstands- und Partisanengruppierungen in Griechenland und auf dem Balkan, denen sie letztlich allerdings ebenso wenig gewachsen waren wie später die US-Streitkräfte trotz ihrer haushohen materiellen Überlegenheit und des Einsatzes von chemischen Kampfmitteln im undurchdringlichen Dschungel Vietnams oder im uferlosen Mekongdelta.

Die deutschen Aufgaben in den Schluchten des Balkans führten auch zu Einsätzen, die in der gegenwärtigen Historiographie umstritten sind und deren Spätfolgen unter anderem auch Pfeiffers Kommandierender General während des Griechenlandfeldzuges nach dem verlorenen Zweiten Weltkrieg am eigenen Leibe bitter zu spüren bekam, als er vor dem alliierten Siegertribunal in Nürnberg als Kriegsverbrecher angeklagt und zum Tode verurteilt wurde. Dem Strang des Henkers entging der General der Gebirgstruppe Franz Böhme jedoch nach Monaten schwerster Belastungen angesichts der unbarmherzigen Siegerjustiz am 29. Mai 1947 durch Freitod in der Gefängniszelle.

Während Pfeiffers nervenaufreibenden Kämpfen auf dem Balkan kam es zu Sprengungen wichtiger Brücken und Bahnlinien und zu nächtlichen Überfällen der verstärkt auftretenden Partisanen, die von den Briten mit Waffen und Material aller Art versorgt wurden. Das I. Bataillon des 2. Regiments „Brandenburg" focht bei Olympia einen erbitterten Kampf gegen heimtückische Überfälle, denen immer wieder Angehörige vom Regiment Pfeiffer zum Opfer fielen.

Als im Herbst 1943 Teile seines 2. Regiments „Brandenburg" nach Albanien verlegt wurden, „um die Häfen dieses Landes zu besetzen, war ein weiteres Land hinzugekommen, das sich mit Partisanenaufständen bemerkbar machte."[32] Über die allgemeine Bandenlage und die Bandenbekämpfung wurde auf Weisung von Oberstleutnant Franz Pfeiffer ein als „Geheim" eingestufter „Tätigkeitsbericht der Abteilung Ic" abgefasst, der uns als ein besonderes historisches Dokument vorliegt und aus diesem Grunde auf den folgenden Seiten als Faksimile abgedruckt wird.[33]

Unter der Befehlsgewalt der 2. Panzerarmee erfolgten Vorstöße der „Brandenburger" in das Limtal und gegen die Hochgebirgspässe zwischen Sjenica und in den Raum ostwärts von Prijepolje. Beim Unternehmen „Kugelblitz" kam das 2. Regiment „Brandenburg" neben der 1. Gebirgsdivision zum Einsatz. Eine der schwierigsten Aufgaben hatte dabei das I. Bataillon des 2. Regiments erhalten; und zwar die Inbesitznahme der Stadt Prijepolje im Limtal. Im Kriegstagebuch des Oberleutnants Konrad Steidl heißt es über diesen Einsatz:

„Zum Regimentskommandeur befohlen, erhielt ich den Befehl, die für den Übergang über den Limfluss entscheidende Brücke bei Prijepolje im Handstreich in Besitz zu nehmen und bis zum Herankommen des Gros zu halten. Von dem Ausgang dieses Auftrages, sagte Oberstleutnant Pfeiffer, hinge der Ausgang des gesamten Unternehmens ab. Damit habe ich den schwarzen Peter, falls etwas schief läuft.

2. Regt. Brandenburg   O.U., den 19. 10. 943.
Abt. Ic. Br. B. Nr. 131/43 g

Geheim!

Taetigkeitsbericht der Abteilung Ic.

A.

I. Allgemeine Bandenlage.

V-Maenner und Zivilisten erklaerten, dass durch den Einzug des Regiments die Banditen die Stadt verlassen haben und sich zunaechst in der naeheren Umgebung Korças aufhielten. Es handelt sich dabei um kleinere Gruppen, die den Auftrag hatten, einerseits die Verbindung mit der Stadt zu halten und andererseits Lebensmittel und Uniformen aufzukaufen.

Ausserdem treiben sich noch kommunistische Elemente in der Stadt herum, die zum grossen Teil namentlich erfasst sind.

Durch die aktive Bandenbekaempfung des Regiments haben sich die kleineren Gruppen mit geringen Ausnahmen aus der naeheren Umgebung in die Berge zurueckgezogen. Es kann gesagt werden, dass die Umgebung von Korça im Radius von etwa 20 km nach Sueden, Westen und Norden vom Feind frei ist.

Im Bergstock ostwaerts Korça treiben sich noch immer Bandengruppen herum. Diese hatten sich am 29.9. zusammengezogen und griffen am 30.9. etwa in Batl.-Staerke den Stuetzpunkt Belishte (ca. 20 km ostw. Korça) an. Durch das Eingreifen des I. Batl. wurde der Angriff abgeschlagen und die Bande nach Sueden in die Berge zurue geworfen.

Das Zurueckgehen der kleineren Bandengruppen fuehrte besonde westl. und noerdl. der Stadt zur konzentrischen Zusammenfassung und Bildung groesserer Bandengruppen. Es entstanden 4 Bandenzentr

1. Im Raume Pogradeç (32 km noerdl. Korça) und Lin (48 km noerd Korça). Diese Zentrale soll nach Aussagen von einem ehemalig alb. Oberleutnant Spiro Lasi gefuehrt werden. Ausserdem soll Strasse von Pogradeç nach Lin

Tätigkeitsbereicht der Abteilung Ic über die allgemeine Bandenlage und Bandenbekämpfung in Albanien, erstellt auf Auftrag des Oberstleutnants Franz Pfeiffer – Seite 1.

a).vermint,

b).die Bruecken gesprengt,

c).durch Sprengung von Felswaenden teilweise verschuettet sein.Der Verkehr von Pogradeç nach Lin wird auf dem Wasserweg durchgefuehrt.

2.Im Raum Voskopoie (16 km westl. Korça) und Vithkuqi (19 km westl. Korça).Diese Zentrale wird von dem Kolle Ekonome gefuehrt.In Zusammenarbeit mit dem Ic der 1. Geb.Div. konnte festgestellt werden,dass diese Bande regelrechte Ausbildung betreibt.Die Leitung liegt in englischen Haenden;denn im Stabsgebaeude der Banden in Voskopoie befindet sich ein englischer Major.Die Zahl der dort stationierten Banditen betraegt ca. 500 Mann.Sie besitzen eine grosse Zahl an Fahrraedern und befoerdern ihre Meldungen durch Radfahrer.Ausserdem sind die Doerfer durch Telefonleitungen miteinander verbunden.Die Versorgung soll durch die Englaender aus der Luft erfolgen.

Nach Aussagen von gefangenen Banditen traegt diese Bande teilweise englische Waffenroecke sowie Muetzen mit Sowjetstern; ein anderer Teil ist mit italienischen Uniformen ausgestattet, und der Rest traegt Zivil.In diesem Raum sind die Banden z.T. in Kasernen untergebracht.

An Waffen besitzen sie

1.Pistolen,

2.Gewehre,

3.Maschinengewehre,

4.kleine Schnellfeuerkanonen.

Ausserdem befindet sich in diesem Raum ein "Rachebataillon", das von Petri Dume gefuehrt wird.Aeusserlich ist es zu erkennen an roten Tuechern,die entweder um den Kopf oder um den Hals geschlungen getragen werden.

3.Im Raum Hocishte (11 km ostw. Korça).Seit dem 3o.9.43 konnten ueber diese Banden keine Erkundigungen mehr eingezogen werden. Es ist daher anzunehmen,dass sie sich durch den Angriff des Regt. weiter nach Sueden zurueckgezogen oder sich mit dem Zentrum Voskopoie – Vithkuq verbunden haben.

Tätigkeitsbereicht der Abteilung Ic über die allgemeine Bandenlage und Bandenbekämpfung in Albanien, erstellt auf Auftrag des Oberstleutnants Franz Pfeiffer – Seite 2.

4. Im Raum Gramosta (ca. 25 km sso. Korça auf griech. Seite).
Ueber Fuehrer, Bewaffnung und Ausruestungkonnte bis jetzt noch nichts festgestellt werden.

Die Gesamtzahl der Banditen in diesen 4 Zentren soll etwa 10.000 Mann betragen.

Im Raum Kastoria. Zentren der Banden sind Nestorion und Langa. Beide Orte waren durch eine zusammenhaengende, etwa 25 bis30 km breite Widerstandslinie gesichert. Als Waffen wurden le. M; G., s.M.G. und Gr.W. von seiten der Banditen verwendet. Die Zugangswege waren teilweise vermint und gesprengt.

In der Zeit vom 3. - 6.10. hat das III. Batl. die H.K.L. der Banden aufgerollt und Nestorion und Langa zerstoert. Die Aufklaerungsergebnisse lassen erkennen, dass die Banden sich weiter nach Sueden in die Berge zurueckgezogen haben und zwar suedl. und suedw. Nestorion und suedl. Langa.

Ueber die Staerke konnte bis jetzt noch nichts ermittelt werden.

Der Raum so., sw., w. und nw. Kastoria kann im allgemeinen als feindfrei bezeichnet werden; allerdings ist immer mit feindlichen Aufklaerungstrupps zu rechnen. Da bei dem Unternehmen des III. Batl. in Langa und Nestorion erhebliche Bestaende an Lebensmitteln, Futtermitteln und Munition erbeutet und vernichtet wurden, koennen diese Orte als ausgehoben angesprochen werden.

II. Organisation der Banden.

Nach Aussagen gefangener Bandenmitglieder sind die Banden in Bataillone, Schwadronen und Zehnerschaften organisiert. Einzelheiten ueber die Gliederung der Truppe konnten noch nicht ermittelt werden.

Neben diesen aktiven Kaempfern betrachten sie die auf dem Felde arbeitenden Bauern als ihre Reserve. Die Bauern haben den Auftrag, Nachrichten zu uebermitteln und die Banden bei etwaigen Angriffen zu alarmieren.

Tätigkeitsbereicht der Abteilung Ic über die allgemeine Bandenlage und Bandenbekämpfung in Albanien, erstellt auf Auftrag des Oberstleutnants Franz Pfeiffer – Seite 3.

Im Raum Kastoria wird in erbeuteten Befehlen von Divisionen gesprochen. Das Gebiet von Kastoria gehoert zum Raum der 9. Division.

III. Verwaltungswesen der Banden.

Die Banden ueben in ihrem Zentrum den Sicherheitsdienst gleichzeitig mit der Justiz aus. Fuer die kleineren Ortschaften sind Stationen geschaffen, die fuer Ruhe und Ordnung zu sorgen haben. Sie sind auch verantwortlich fuer die Beitreibung von Lebensmitteln. Sollten Ortsansaessige diese Leistungen ablehnen, werden sie entweder schwer geschlagen oder erschossen. Streitigkeiten werden grundsaetzlich mit Geldstrafen belegt.

Zur Durchfuehrung der erwaehnten Massnahmen sind in den Doerfern um Korça von den Bandenzentralen Voskopoie und Vithkuq Kommandanten eingesetzt. Sie sind dafuer verantwortlich, dass die Dorfbewohner die Befehle, die von den Bandenzentralen ausgeben, ausfuehren.

Im Raum Kastoria. Die auf dem Lande herumziehenden Personen werden von den Banden als Gefahrenquelle betrachtet, denn sie leisten angeblich unserer Spionage Vorschub. Deshalb wurde das Herumziehen auch der Landarbeiter verboten.

Um eine Uebersicht ueber die Ortsfremden zu bekommen und gleichzeitig eine Ueberwachung ihres Verhaltens durchfuehren zu koennen, wurden alle aus Argos Orestikon stammenden Personen von den Verantwortlichen der Doerfer namentlich erfasst. Zuwiderhandelnde wurden bestraft. – Fuer August war der Beginn der Sperrstunde auf 21.3o Uhr festgesetzt.

Die Postverwaltung war in demselben Raum auf folgende Weise organisiert: Das Gebiet der Postzentrale Langa war in Abschnitts- und Ortspostsammelstellen aufgeteilt. Die anfallende Post wurde an zwei Tagen der Woche von der Zentralpoststelle an die Abschnittssammelstellen weitergegeben. Von dort wurde sie nach Sichtung und Einordnung an die Ortssammelstellen weitergeleitet. Diese geben sie an die Doerfer bezw. Andarteneinheiten ab.

Beim Einliefern der Post durch die Doerfer bezw. Andarten-

Tätigkeitsbereicht der Abteilung Ic über die allgemeine Bandenlage und Bandenbekämpfung in Albanien, erstellt auf Auftrag des Oberstleutnants Franz Pfeiffer – Seite 4.

einheiten wurde derselbe Dienstweg von der Ortssammelstelle bis zur Zentralpoststelle eingehalten.

Der Ort, an dem die Banden die Getreideeinkaeufe vornehmen, scheint nach den letzten Meldungen Ptolemais zu sein. Die eingekauften Getreidemengen werden von dort nach Vlasti (14 km sw. Ptolemais) gebracht, wo ein Teil fuer die Bande im Sinistikongebirge (6 km sso. Vlasti) zurueckgehalten wird. Die noch bleibende Menge wird ueber Nogatsikon (11 km sö. Argos Orestikon) nach Cotilion (2o km ssw. Argos) und Pendalofon (3o km sso. Argos) geschafft, von wo sie an die einzelnen Banden ausgegeben wird. Das Getreide in Ptolemais wird mit Gold bezahlt - 8o Oka 1 Goldstueck.

Die Transporte gehen nur nachts vor sich und werden ausschliesslich durch Tragtiere vorgenommen.

Wie aus den in Nestorion erbeuteten Papieren hervorgeht, muessen sich zur Erfassung der Wehrfaehigen alle Maenner von 19 bis 42 Jahren eintragen lassen. Ausserdem haben alle Berufs - und Reserveoffiziere jegliches Ausbildungs - und Kartenmaterial sowie alle Dienstvorschriften abzugeben. Alle Maenner zwischen 23 und 4o Jahren, die dem Ruf zum Kampf nicht nachkommen, sowie die Maenner ueber 4o muessen die in Ihrem Besitz befindlichen Waffen abliefern. Die Durchfuehrung wird durch militaerische Verantwortliche der Reserve ELAS ueberwacht.

IV. Propaganda der Banden.

Die Propaganda der Banden ist ganz besonders stark ausgepraegt. Neben den Zeitungen, Flugblaettern und geheimen Handzetteln, werden taeglich Lageberichte von den Fronten gedruckt und in den Lagern ausgegeben.

Anfangs war die Propaganda auch gegen Italien gerichtet. Nach der Entwaffnung schlug sie ins Gegenteil um und forderte die Italiener auf, mit den Banden mit den deutschen Truppen zu kaempfen.

Es konnte auch festgestellt werden, dass die Propaganda anfangs nur unter rein bolschewistischem Einfluss stand. Erst in der letzten Woche zeigt die Propaganda den anglo-amerikanisch-bolschewistischen Einschlag.

Tätigkeitsbereicht der Abteilung Ic über die allgemeine Bandenlage und Bandenbekämpfung in Albanien, erstellt auf Auftrag des Oberstleutnants Franz Pfeiffer – Seite 5.

Die Herausgeber der Schriften unterzeichnen verschieden:

1. Kommunistische Partei,
2. Der allgemeine Rat der nationalen Befreiung,
3. Das Gruppenkommando der nationalen Befreiungsarmee von Korça.

Die Lageberichte von den Fronten – d.h. den Kriegsschauplaetzen – tragen keine Unterschrift und sind aehnlich herausgegeben wie in der Deutschen Wehrmacht.

Die Propagandazettel tragen das Motto: Tod dem Faschismus, Freiheit dem Volke.

Das Propagandamaterial wurde z.T. in der Stadt, z.T. bei der Bandenbekaempfung aufgegriffen.

Die Propaganda verfehlt ihre Wirkung zwar bei den aelteren Leuten; bei der Jugend dagegen faellt sie auf fruchtbaren Boden. Wenn Propagandamaterial verteilt wird, besorgen das meist Jugendliche, die besonders ausgesucht und ausgebildet sind; es handelt sich durchschnittlich um Studenten und Schueler.

Gegenwaertig legen die Kommunisten den Schwerpunkt ihrer Propaganda auf die hier stationierten Italiener, insbesondere auf die Sizilianer. Sie versprechen ihnen die Rueckkehr in die Heimat. Die Banditenfuehrer wuerden dafuer sorgen, dass sie unbehelligt nach Porto Edda und Valona kaemen; von dort wuerden sie nach Brindisi ueberfuehrt werden.

Dieser Propaganda ist unbedingt Bedeutung zuzumessen, um so mehr dai italienische Soldaten ihren Unwillen darueber aussprechen, dass fuer sie z. Zt. keine Verbindung in die Heimat besteht.

Im Raume Kastoria. Die Feindpropaganda ist sehr rege. Neben Flugblaettern und Flugschriften wird sogar eine regelrechte Zeitung von den Banden herausgebracht.

Im Raume Gramosta (25 km suedl. Korça). Die kommunistische Propaganda vertritt in diesem Raume folgenden Standpunkt:

1. Zwischen den griechischen und albanischen Kommunisten gibt es keine Grenze.
2. Die griechischen Kommunisten verlangen von Albanien die Zurueckgabe der Landstreifen, die Griechenland im Kriege mit Italien

Tätigkeitsbereicht der Abteilung Ic über die allgemeine Bandenlage und Bandenbekämpfung in Albanien, erstellt auf Auftrag des Oberstleutnants Franz Pfeiffer – Seite 6.

erkaempft und besetzt hatte.

V. Das Verhaeltnis zwischen der Deutschen Wehr - macht und der Bevoelkerung.

Zunaechst stand die Bevoelkerung von Korça den deutschen Truppen zurueckhaltend und abwartend gegenueber. Dies war auf die kommunistische Propaganda zurueckzufuehren. Man hatte der Bevoelkerung erklaert, die Deutschen wuerden alles niederbrennen. Nach einigen Tagen loeste sich die Spannung etwas; es ist damit zu erklaeren, dass die deutschen Soldaten sich ordentlich aufgefuehrt haben.

Die Spannung loeste sich noch mehr, als Albanien die Unabhaengigkeit zuerkannt wurde. Das Verhaeltnis wurde zusehends vertraulicher und die Bevoelkerung entgegenkommender. Dies sprach sich auch in den Ortschaften um Korça herum.

Vor einigen Tagen waren Teile des Regiments im Raume noerdl. von Maliqi (12 km nw. Korça) zur Bandenbekaempfung eingesetzt. Dabei wurden auch die Ortschaften Shkoza, Zboqi und Vameli beruehrt. Am 6.10.43 kamen nun die Dorfaeltesten dieser Ortschaften und bedankten sich fuer das Verhalten der deutschen Soldaten. Die deutschen Soldaten haetten nicht einmal ein Ei oder sonst etwas verlangt und das seien sie nicht gewoehnt. Sie seien nun gekommen, um im Vertrauen auf die Deutsche Wehrmacht mit ihr zusammenzuarbeiten. Sie wollten dafuer sorgen, dass sich in ihren Ortschaften keine Banditen aufhielten und durch eingeteilte Kundschafter alle Wahrnehmungen ueber die Banden sofort melden.

Wenn sich auch ein gewisses Vertrauensverhaeltnis gebildet hat, ist die Bevoelkerung immernoch ein wenig veraengstigt. Die Ursache dazu ist einmal darin zu suchen, dass den Deutschen von seiten der Kommunisten boese Absichten in Bezug auf Albanien unterschoben werden und dass diese Unterstellungen mit grossem Geschick unter dem Volke verbreitet werden. Dann aber ueben die Banden einen ausserordentlichen Terror aus, indem sie Drohungen gegen alle die unter ihren Landsleuten ausstossen, die mit den Deutschen sympathisieren. So ist es zu erklaeren, dass ein

Tätigkeitsbereicht der Abteilung Ic über die allgemeine Bandenlage und Bandenbekämpfung in Albanien, erstellt auf Auftrag des Oberstleutnants Franz Pfeiffer – Seite 7.

Albaner ,der im Herzen ein Verehrer der Deutschen ist,es weder zu zeigen noch zu aeussern wagt.

B.

Bandenbekaempfung.

I. Aufklaerung.

Gefangenenaussagen trugen wesentlich zur Aufklaerung der Bandenlage bei.Im allgemeinen ist der Albaner verschlossen. Durch Eingehen auf die Eigenart des Betreffenden konnten Aussagen erzielt werden,die dem Regiment zur Kenntnis der Lage sehr Wertvoll waren.

II. Eigene Propaganda.

In einem Raum,der so stark von Banditen durchsetzt ist wie Korça,kommt der Propaganda eine erhoehte Bedeutung zu. So wurde in der Zeit,in der das Regiment Korça besetzt hat,in Zusammenarbeit mit der Propagandastaffel herausgebracht:1 Zeitung und 4 Flugblaetter.

Das Propagandamaterial wurde z.T. durch V-Maenner verteilt, z.T. von Flugzeugen abgeworfen.Bei Unternehmungen gegen die Banden konnte festgestellt werden,dass das Propagandamaterial seinen richtigen Weg gefunden hatte.

Das Regiment ist in seiner Propaganda nach wie vor auf sich angewiesen.Die Zusammenarbeit mit Sonderfuehrer Dryander hat sich als ungenuegend erwiesen,da Dryander einen zu grossen Raum zu betreuen hat.Bisher hat er innerhalb 5 Wochen mit dem Regiment 3 Mal Fuehlung aufnehmen koennen.Es waere daher notwendig,dass dem Regiment fuer seinen grossen Raum ein Propagandamann zugeteilt wird,der staendig - zum mindesten aber einige Tage in der Woche - zu erreichen ist.

Tätigkeitsbereicht der Abteilung Ic über die allgemeine Bandenlage und Bandenbekämpfung in Albanien, erstellt auf Auftrag des Oberstleutnants Franz Pfeiffer – Seite 8.

C.

Truppenbetreuung.

Zur Truppenbetreuung hat das Regiment in Korça zwei, in Kastoria ein Kino vorgefunden. Bis jetzt wurden 3 Filme vorgefuehrt. Ausser- hat im Monat September eine K.d.F. - Gruppe in Korça und Kastoria einen bunten Abend veranstaltet.

Pfeiffer

Obstlt. u. Regt. Kdeur

Tätigkeitsbereicht der Abteilung Ic über die allgemeine Bandenlage und Bandenbekämpfung in Albanien, erstellt auf Auftrag des Oberstleutnants Franz Pfeiffer – Seite 9.

Deshalb arbeite ich den Kampfplan besonders sorgfältig aus, wenngleich mir mit den Unterlagen über den Feind die wichtigsten Voraussetzungen zu einer genauen Planung fehlten. Teile der 1. Gebirgsdivision und das Bataillon Renner sind bereits angetreten, um die Gebirgspässe zwischen Sjenica und dem Raum ostwärts Prijepolje freizukämpfen."[34]

Als das besagte Prijepolje und das Westufer des Lim in deutscher Hand waren, war der Sieg aber noch nicht vollends errungen. Denn aus dem Raum südlich von Sjenica – Prijepolje – Plevlja stürmten weitere Partisaneneinheiten Titos heran. Wenig später standen sie im Rücken der deutschen Stoßtruppen, die in Richtung Westen und Nordwesten zogen. Um dieser Gefahr zu entgehen, warf Oberstleutnant Pfeiffer am 7. Dezember 1943 das I. Bataillon des 2. Regiments „Brandenburg" nach Süden.

„Bis Brodarewo ging der Lastwagentransport," berichtet Franz Kurowski. „Von dort kämpfte sich das Bataillon zu Fuß durch das dichte Waldgelände über Bukovic bis in den Raum Grab. Dort vereinigte es sich mit der Kompanie Jaksch und einigen muslimischen Einheiten. Oberleutnant Steidl stürmte nach Draskowina vor und erreichte dessen Ortsrand. Die Spähtrupps stellten sowohl im Westen als auch von Süden Feindbewegungen fest, die sich auf Draskowina zubewegten. Bis zum 12. Dezember wurde gehalten, ehe sich das Bataillon zurückziehen musste, weil die Munition ausging und kein Nachschubtransport durchkam."[35]

Mit seinem Weihnachts- und Neujahrsbefehl vom 24. Dezember 1943 würdigte der Kommandeur der Division „Brandenburg" in großen Zügen die Leistungen seiner Truppe während der Bandenkämpfe in Jugoslawien, Griechenland und Albanien.

Division „Brandenburg"
Kommandeur

Nr. 747/43 geheim

Weihnachts- und Neujahrsbefehl

Soldaten der Division „Brandenburg"!

Zum Weihnachtstage und zur Jahreswende sende ich allen Offizieren, Oberjägern und Jägern, den Sanitätsoffizieren und Beamten der Division an der Front, in den Lazaretten und in der Heimat, kameradschaftliche Grüße und Wünsche!

An der Schwelle des Neuen Jahres will ich Euch allen einen Überblick über das geben, was das zu Ende gehende Jahr der Division „Brandenburg" an Ereignissen gebracht hat. Ich will Euch weiterhin zeigen, wie unsere Lage im Augenblick ist und welche Aufgaben das Neue Jahr für die Division „Brandenburg" bringen wird. Im

Januar 1943 standen fast alle Teile des damaligen Sonderverbandes „Brandenburg“ an der Ostfront, vor allem im Südabschnitt derselben. Bei Eis und Schnee in schwerste Kämpfe verwickelt, bildeten die schwachen Kompanien der „Brandenburger“ die Nachhut für zahlreiche Infanterie- und Panzerdivisionen ebenso, wie für Panzerkorps. Teilweise sich selbst opfernd, ermöglichten sie die befohlenen Ausweichbewegungen.

Erst ab Ende Januar, meist erst im Februar und März, konnten die „Brandenburger“ herausgezogen und vorübergehend in die Heimat verlegt werden. Was zurück kam, war eine kleine Schar tapferer Männer. Verlaust und dreckig, in abgerissenen Uniformen, brachten sie ihre Waffen mit. Sie waren ausgeschossen worden und für einen neuen Kampf nicht mehr verwendbar. Die wenigen Kraftfahrzeuge waren ausnahmslos im russischen Schnee und Matsch stecken geblieben und gesprengt worden.

Das Wichtigste aber brachten diese Männer mit: Das absolute Gefühl der Überlegenheit deutscher Soldaten und vor allem der „Brandenburger“ über den russischen Feind!

Und was geschah nun?

Binnen weniger Wochen wurde in hervorragender Arbeit und im Zusammenwirken aller aus den Kompanien des Sonderverbandes die Division „Brandenburg“ zusammengestellt. Die kampfbewährten Kompanien bildeten die Stämme der neuen Bataillone, deren Führung die alten kriegserfahrenen Kompanieführer übernahmen. Neue junge Mannschaften, ältere und jüngere Offiziere und Unteroffiziere traten hinzu. So wurden aus den Kompanien Bataillone, wurden die Bataillone zu Regimentern zusammengestellt.

Anstelle der unbrauchbaren alten Waffen wurden neue Waffen modernster Bauart ausgegeben. Die gesamte Division wurde vollständig mit neuem modernstem Kraftfahrmaterial ausgestattet.

An dieser Stelle möchte ich dankbar der hervorragenden Mitarbeit des 1. Generalstabsoffiziers der Division gedenken, des inzwischen an der Ostfront als Regimentsführer schwer verwundeten Hauptmanns Wülbers.

Bereits im April gingen die ersten Bataillone wieder an die Front. Die letzten Teile der Division folgten im Mai. Es ging alles sehr schnell und es wäre gut gewesen, für diese riesige Neuorganisation mehr Zeit zur Verfügung zu haben. Aber es ging nicht! Führung und Front forderten den schnellsten Einsatz aller verfügbaren „Brandenburger“.

Was wurde im Jahre 1943 im Kampf geleistet?

Das 1. Regiment, die Fallschirmkompanie des 4. Regiments unter Führung von Oberleutnant Oschatz und Leutnant Hörl, die 1. Küstenjägerkompanie mit ihrem jetzt schwer verwundeten Hauptmann Kuhlmann, waren an der Einnahme und Säuberung der Inseln Kos, Levita, Stampalia, Kalymnos, Leros und Samos maßgeblich beteiligt. Einige dieser wichtigen Inseln wurden anschließend durch die „Brandenburger“ im kühnen Handstreich genommen. Als auf der Insel Leros nach vier schweren Kampftagen die Krise eintrat und niemand sagen konnte, ob nicht ein schwerer Rückschlag unmittelbar bevorstand, brachte das III. Bataillon des 1. Regiments „Brandenburg", unter Führung des hierbei verwundeten Hauptmanns Froboese, die siegreiche Entscheidung. Oberleutnant Wandrey mit zwanzig tapferen Jägern durchbrach die starke englische Befestigungslinie, knackte in der Tiefe der englischen Front eine Anzahl sehr starker Bunker und nahm hier den Kommandanten der Insel, den englischen General Tilney, gefangen.

Die Kapitulation der zahlen- und materialmäßig weit überlegenen Engländer und der stark ausgebauten Inselfestung wurde somit durch das III. Bataillon des 1. Regiment „Brandenburg" und die kühne Tat des Oberleutnants Wandrey und seiner Jäger entscheidend beeinflusst.

Das 2. Regiment, unter der umsichtigen energischen, aber ebenso fürsorglichen Führung seines Kommandeurs Oberstleutnant Pfeiffer, hat in zahllosen Kämpfen und Gefechten in Nordgriechenland, Albanien und vor allen Dingen im serbischen Raum, dem Feind fast täglich schwerste Verluste zugefügt.

Den außerordentlichen Feindverlusten standen leichtere eigene Verluste gegenüber. Dies ist darauf zurückzuführen, dass das 2. Regiment unsere bewährte z.b.V.-Kampfweise [z.b.V.: zur besonderen Verwendung] in besonders erfolgreicher Art angewandt hat. Besonders anerkennend will ich hervorheben die drei Bataillonskommandeure desselben – den Hauptmann Weithoener, Hauptmann Oesterwitz und Hauptmann Renner; und ferner den Oberleutnant Steidl. Alle vier kampferfahrene z.b.V.-ler.

Das 3. Regiment steht mit dem I. und III. Bataillon seit Monaten an einem der Brennpunkte der Ostfront in schwerem Kampf und dies an einer Stelle, die fast täglich im Wehrmachtbericht genannt wird. Beide Bataillone haben die ganze Verbissenheit und Wucht der russischen Angriffe kennen gelernt. Beide Bataillone haben sich in erbittertstem Kampf mit schweren Feindpanzern, durchgebrochenen Kavallerieverbänden und zahlenmäßig weit überlegener Infanterie, gegen Artillerie, Granatwerfer und Salvengeschütze, oftmals ohne Nachbarn links und rechts, vorbildlich für alle deutschen Soldaten geschlagen. Die Hauptleute Pinkert (Gerhard), Grawert und Mertens haben an den errungenen Erfolgen besonderen Anteil.

Das Bataillon Hauptmann Bansen hatte es dagegen in Italien etwas leichter, aber auch dort seine Aufgabe zur vollsten Zufriedenheit erfüllt.

Unsere alten russischen Legionäre, unter Hauptmann Auch, haben – als Bataillon zusammengefasst – als Nachspitze die befohlenen Ausweichbewegungen der deutschen Truppen im Räume Schitomir gedeckt und ermöglicht. Sie haben als letzte Schitomir verlassen, aber als erste waren sie bei dem großen Gegenangriff wieder in der Stadt. Die Zuverlässigkeit und Bewährung dieses Bataillons ist das besondere Verdienst der darin kämpfenden deutschen Soldaten – Offiziere, Oberjäger und Jäger.

Unvergessen bleiben in der Division die harten und opfervollen Kämpfe des Bataillons von Koenen und der Küstenjägerkompanie, unter Hauptmann Kuhlmann, in Nordafrika und Tunesien zu Beginn des Jahres 1943. Die Küstenjäger haben aber auch auf Kos und Leros gezeigt, dass Geist und Schwung immer noch die Gleichen sind. Das Bataillon von Hauptmann von Koenen steht längst wieder am Feind.

Das 4. Regiment ist zurzeit, bataillonsweise aufgeteilt, eingesetzt. Einige Teile desselben stehen erst seit kurzem am Feind. Sein großer Start wird erst im Jahre 1944 erfolgen.

Der Kampf der 1. Kompanie auf der Insel Leros, unter Führung des dort verwundeten Oberleutnants Solder, die zahlreichen erfolgreichen Einsätze und der kühne Handstreich der Kompanie Hettinger zur Wegnahme der Inselfestung Magdalena bilden den Auftakt für weitere kommende Erfolge des gesamten Regimentes.

Ein großes Kesseltreiben in schwierigem Gelände von Mai bis Juni des Jahres hat die junge Mannschaft des Regimentes zu harten Soldaten gemacht.

Unsere Funker haben erneut gezeigt, dass sie ihr Fach beherrschen. Sie stellten die Verbindungen der eingesetzten Gruppen und Züge tief in – oder auch hinter der feindlichen Front – zum Bataillon oder Regiment her. Ebenso sicher waren ihre Verbindungen über viele Hundert Kilometer zu allen „Brandenburgern" an den weiteren Fronten.

Die Sanitätsoffiziere haben sich nicht nur als Ärzte bewährt. Wenn es darauf ankam – im Osten ebenso wie auf der Insel Leros – waren sie auch gute Führer der Kampfeinheiten und ebensolche Kämpfer.

Dank gebührt den Beamten, die sich pflichtbewusst und umsichtig für die – gerade bei uns – nicht leichte Versorgung der Truppe mit Erfolg einsetzten.

Die großen Erfolge des Jahres 1943 haben in den Reihen aller „Brandenburger"-Einheiten und Verbänden große Lücken gerissen. Die Zahl der gefallenen Kameraden ist glücklicherweise nicht sehr hoch. Sehr viel größer ist dagegen die Zahl der Verwundeten.

Zum Jahresende gedenken wir unserer Gefallenen in Ehrfurcht und Dankbarkeit. Sie warten auf den Sieg, den wir erkämpfen werden.

Ich erwarte von Euch allen, dass in der Weihnachtszeit zahlreiche Briefe und Grüße von der Front zu den Angehörigen unserer gefallenen Kameraden gehen. Ebenso wollen wir engste Verbindung zu unseren Verwundeten und Kranken halten. Keiner darf von uns vergessen werden. Unsere genesenden Kompanien wollen wir alle – ohne Ausnahme – baldmöglichst wieder in unseren Reihen haben.

Deshalb, meine Offiziere, Oberjäger und Jäger: Wer noch keinen Gruß an die verwundeten und kranken Kameraden geschickt hat, der hole dieses Versäumnis sofort nach.

Was bringt das Neue Jahr den „Brandenburgern"?

Durch die Kämpfe des zu Ende gehenden Jahres sind unsere Reihen gelichtet. Die Kompanien sind teilweise nicht mehr als eine Handvoll Männer. Dies wird im neuen Jahr anders! Neuer Nachschub an besonders ausgesuchten Freiwilligen aus allen Teilen des Deutschen Heeres wird in unsere Reihen eingestellt und den Frontregimentern zugeführt. Dazu kommen die ersten jungen Soldaten, die im neuen Lehrregiment der Division, unter Führung von Major Martin, sorgfältig ausgebildet sind. Die Regimenter werden sich in Zukunft um diesen tadellosen Ersatz reißen.

So wird nach der harten Arbeit von Januar bis März aus einer Handvoll Männer endlich eine kampfkräftige Kompanie mit allem, was diese benötigt. Neben dieser Ausbildung der jungen Wehrpflichtigen laufen Unterführerlehrgänge und ein besonderer Kampfschullehrgang zur Vertiefung und Verbesserung unserer eigenen Kampfweise.

Im Lehrregiment sind viele Offiziere, Oberjäger und Mannschaften der Division, die nach schwerer Verwundung – teilweise mit Amputationen – für unsere Division Wertvolles leisten. Alle drängen sie an die Front. Sie müssen aber eine Zeitlang im Lehrregiment ausharren, doch ihre Auswechslung und ein Austausch sind vorhergesehen.

Im vorstehenden Rückblick habe ich einige Offiziere namentlich genannt, die im Kampf den Ausschlag gegeben haben. Unsere Erfolge wären jedoch nicht denkbar, wenn diesen Offizieren nicht Hunderte tapferer Oberjäger und Jäger in treuer Kampfgemeinschaft zur Seite gestanden hätten. Ihnen gilt – auch wenn sie nicht alle genannt werden können – in gleichem Maße mein Dank und meine Anerkennung.

Selbstbewusst und hoch erhobenen Hauptes tritt die Division „Brandenburg" in das Neue Jahr ein! Niemand in der ganzen deutschen Wehrmacht – und erst recht niemand auf der Seite des Feindes – kann uns „Brandenburgern" imponieren oder irgendetwas vormachen! Die Erfolge des Jahres 1943 haben dies eindeutig unter Beweis gestellt. Im Jahr 1944 wird die neu aufgefüllte, gut ausgerüstete Division „Brandenburg" dies erneut beweisen. Wir alle wissen, worum es in diesem Krieg geht. Getreu unserem Versprechen und unserem Fahneneid, den wir dem Führer geleistet haben, fassen wir die Waffen fester und werden sie erst aus der Hand legen, wenn für uns, unsere Frauen, Kinder und Kindeskinder eine sichere Zukunft in unserem geliebten, großen und schönen Vaterland erstritten ist.

Unsere Parole für das Jahr 1944 ist die gleiche, wie jene des vergangenen Jahres. Sie lautet:

„Brandenburger" überall voran!

Von Pfuhlstein

Nach dem missglückten Putschversuch des Obersten Claus Graf Schenk von Stauffenberg in Hitlers ostpreußischem Führerhauptquartier Wolfsschanze am 20. Juli 1944 wurde die Division „Brandenburg" zur Panzergrenadierdivision degradiert und in das Armeekorps „Großdeutschland" eingegliedert. Während Admiral Canaris und General von Pfuhlstein in der Gestapohaft auf ihre Verurteilung warteten, operierten die Soldaten der aufgelösten Kommandotruppe Seite an Seite mit der neugebildeten „Führerbegleitdivision". Zu deren Kommandeur hatte Hitler den vom Major zum Obersten und bald darauf zum Generalmajor beförderten Otto Ernst Remer ernannt. Denn er hatte als Kommandeur des Wachbataillons „Großdeutschland" auf persönlichen Befehl seines Obersten Befehlshabers den Aufstand der Offiziere in der Reichshauptstadt niedergeschlagen und damit den Putsch vereitelt, was durchaus viele Offiziere begrüßten.

Am 13. Oktober 1944 wurde die griechische Hafenstadt Saloniki nach dem Abfall Bulgariens von den deutschen Truppen geräumt. „Die 1. Gebirgsdivision war nach harten Kämpfen an der bulgarischen Grenze mit sieben russischen Divisionen und starken Titobanden bei den Rückzugskämpfen an der Morava eingesetzt, bei denen sie auch durch eine Kampfgruppe des Regiments ‚Brandenburg' unter Oberst Pfeiffer unterstützt wurde", erfahren wir vom ehemaligen 3. Generalstabsoffizier (I c) der Stammdivision der deutschen Gebirgstruppe, Hauptmann im Generalstab Hans Roschmann. „Sie wich schließlich nach Westen aus, um die Verbindung mit der SS-Division ‚Prinz Eugen' herzustellen. Letztere wurde bei den folgenden schweren Kämpfen zum größten Teil aufgerieben. Nun wurde die 1. Gebirgsdivision zum Stoß auf Belgrad angestetzt."[36]

Die Tragödie von Belgrad

Im Herbst 1944 spielten sich um die jugoslawische Hauptstadt derart schwere und schicksalsträchtige Kämpfe ab, sodass die daran beteiligten Verbände und Einheiten des Heeres und der Waffen-SS schon bald von einem „Stalingrad von Belgrad" sprachen. In diesen Strudel kriegerischer Wirren geriet unter anderem auch die 1. Gebirgsdivision unter ihrem Kommandeur Generalleutnant Walter Stettner Ritter von Grabenhofen. Vom 8. bis 30. September stand sie weit auseinandergezogen zwischen Vlasotine und Zajecar an der jugoslawisch-bulgarischen Grenze in teilweise schweren Abwehrkämpfen. Die Eisenbahnlinien waren von Sabotagetrupps nachhaltig zerstört worden, sodass schnell durchzuführende Truppenbewegungen nicht mehr in Frage kamen.

Jenseits der Grenze marschierten sowjetische, bulgarische und rumänische Streitkräfte auf. Hinter der Front führten Titos Partisanenverbände einen gnadenlosen Kampf. Überall lauerte der heimtückische Gegner. Jugoslawien befand sich im Aufruhr. Die Stammdivision der deutschen Gebirgstruppe war mit der 7. SS-Freiwilligengebirgsdivision „Prinz Eugen", den beiden kampfstärksten Verbänden an diesem Frontabschnitt, in einen wahren Hexenkessel geraten.

Erste Vorbereitungen zum Ausbau eines Flankenschutzes waren bereits Ende August mit rasch herbeigeholten Alarmeinheiten durch den General der Infanterie Hans Felber südlich der Donau bei Turnu Severin und nördlich der Donau bei Orsova getroffen worden. Die Lage sah für den Oberbefehlshaber der Armeeabteilung Serbien am 6. September 1944 folgendermaßen aus:

Abschnitt Vranje anschließend bis Orsova und weiter nach Norden Armeeabteilung Felber mit:

a) Südlich der Donau 1. Gebirgsdivision abwehrbereit ostwärts bis Zajevar, 7. SS-Freiwilligengebirgsdivision „Prinz Eugen" noch im Marsch nach Valjevo, westlich Belgrad; später auf Nisch abgedreht. Abteilung Rehe mit zwei verstärkten Bataillonen bei Turnu Severin.
b) Nördlich der Donau Grenadierbrigade (motorisiert) 92 im Eintreffen bei Werschetz – Weiskirchen. Polizeikräftegruppe Behrens an der Ostgrenze des Banats. 4. SS-Polizeipanzergrenadierdivision und Gebirgspolizeiregiment 18 im Antransport über Skoplje zum Einsatz nördlich der Donau.

Zur Verstärkung traf am Abend des 8. September das I. Bataillon des 2. Regiments „Brandenburg" nahe Belgrad in Mokri Lug ein. Das II. und III. Bataillon folgten wenig später. Das I. Bataillon war zuvor am 4. September aus dem Raum Skradin Drnis über Bihac nach Sunja marschiert, wurde dort auf den Transportzug verla-

Eine Gebirgsjägereinheit auf einem der zahlreichen Knüppeldämme im Wolchowgebiet der Heeresgruppe Nord.

Die Hölle am Wolchow. Der niedrige Baumwuchs am Wolchow ist durch den dauernden Beschuss schwer mitgenommen und überall liegen Gefallene umher.

Luftbildaufnahme von Bombentreffern auf eine Elektroschneise.

Ein russischer schwerer KW-I Panzer ist in einem der zahlreichen Bombenkrater an einer Elektroschneise versackt und konnte nicht mehr geborgen werden.

Eine andere Bildperspektive zeigt einen weiteren KW-I in einem noch tieferen Bombenkrater.

Luftbildaufnahmen von Bombentreffern auf einen Knüppeldamm.

Ein weiterer Knüppeldamm im Wolchowkessel.

Ein Versorgungskonvoi aus aneinander gekoppelten Pionierpontons bringt im Juni 1942 über den Fluss Tigoda Nachschub aller Art zum nächsten Stützpunkt.

Ein Lkw ist von einem der Knüppeldämme am Wolchow abgekommen und im seitlichen Schlamm steckengeblieben. Die Bergung wird einige Mühe kosten.

Gefangene Rotarmisten werden an der Wolchowfront auf einer Wiese gesammelt.

Heldenfriedhof der 5. Gebirgsdivision bei Puschkin südlich von Sankt Petersburg.

Ein sowjetischer Überläufer wird nach Waffen durchsucht, bevor er zur Vernehmung gebracht wird.

General Julius Ringel (rechts im Bild) dankt seinen Gebirgsjägern.

Im Frühjahr 1942 beginnt der Abmarsch in das Tigodamoorgebiet an der Wolchowfront.

Angehörige der Division „Brandenburg“
vor dem Brandenburger Tor in Berlin.

Das Ärmelband „Brandenburg“ wurde am 7. August 1944 genehmigt und mit
einer Verfügung vom 17. August 1944 bei der Truppe eingeführt.

Eine Wachablösung am
Berliner Ehrenmal.

Einmarsch der „Brandenburger“
in Potsdam.

„Brandenburger“ auf dem Marsch
zu einer Gefechtsübung.

Angehörige der Division „Brandenburg" posieren vor ihrem Abmarsch auf dem Kasernenhof. Im Hintergrund sieht man die Fahrzeughallen.

„Brandenburger" kurz vor der Abfahrt ihres Transportzuges.

Oberleutnant Max Wandrey, Chef der 11. Kompanie des Jägerregiments 1 „Brandenburg“. Nach seinem Tode am 21. Februar 1945 erhielt er am 16. März 1945 posthum das Eichenlaub.

Oberst Alexander von Pfuhlstein war der erste Kommandeur der Division „Brandenburg“. Das Ritterkreuz erhielt er als Kommandeur des Infanterieregiments 154 am 17. August 1942.

Ein Maschinengewehrschütze mit einem schweren Maschinengewehr MG-42, welches auf einer Lafette montiert war, um auch auf weite Distanz ein zielsicheres Treffen zu ermöglichen.

Hauptmann Carl-Heinz Oesterwitz als Kommandeur des II. Bataillons des Jägerregiments 2 „Brandenburg". Das Ritterkreuz erhielt er am 30. April 1943, das Eichenlaub am 10. Februar 1945.

Hauptmann Konrad Steidl als Kommandeur des I. Bataillons des Jägerregiments 2 „Brandenburg". Er erhielt das Ritterkreuz am 26. Januar 1944.

Kampfeinsatz der „Brandenburger" auf dem Balkan, hier wird eine 7,5-cm-Panzerabwehrkanone geladen.

Oberleutnant Max Röseke führte die 9. Kompanie des Jägerregiments 1 „Brandenburg". Das Ritterkreuz wurde ihm 14. April 1945 verliehen.

Major Otto-Ernst Remer hatte als Kommandeur des Wachregiments „Großdeutschland" eine Schlüsselrolle bei dem fehlgeschlagenen Attentat auf Adolf Hitler vom 20. Juli 1944.

Eine Panzerabwehrkanone schießt auf vermeintliche Stellungen der zahlreichen Partisanenbanden auf dem Balkan.

Eine 2-cm-Flak auf Selbstfahrlafette unterstützt den Kampf der „Brandenburger“ auf dem Balkan. Die Besatzung der Flak ist dem gegnerischen Abwehrfeuer schutzlos ausgeliefert.

Aufnahme der zerstörten Savebrücke bei Belgrad im Herbst 1944.

den und über Brod nach Semlin verlegt, von wo es im motorisierten Marsch nach Vaniza bei Belgrad ging und dort am 12. September eintraf. Das III. Bataillon des 2. Regiments „Brandenburg“ marschierte währenddessen aus dem Raum Skradin im motorisierten Marsch zur jugoslawischen Hauptstadt, wo es erst am 15. September im Unterkunftsraum Mokri Lug eintraf. Unterdessen erhielt das I. Bataillon des 2. Regiments „Brandenburg“ unter Hauptmann Steidl den Befehl, in Richtung bulgarische Grenze zu verlegen. Major Helmuth Spaeter berichtet darüber in seinem Buch „Die Geschichte des Panzerkorps Großdeutschland“ wie folgt:[37]

„Am 10. September wird angetreten, über Semendria-Petrova (Petrovac) nach einem kurzen Feuergefecht gegen die dort stehenden Banden in Richtung Bor zu den dortigen Kupferminen weitermarschiert. Rgotina am Timok: Eintreffen dort am 13. September um 15.00 Uhr. Unterziehen in Negotin nahe dem Dreiländereck Bulgarien – Rumänien – Jugoslawien.

Nach bisherigen Meldungen sollen russische Panzerspitzen bereits kurz vor der Donau stehen.

In Negotin bietet sich ein schauriges Bild. Vollkommen abgekämpfte Stützpunktbesatzungen aus Rumänien, die sich in letzter Sekunde haben absetzen können, Nachrichtenhelferinnen, die sich im letzten Augenblick dem Zugriff marodierender rumänischer Soldaten entziehen konnten und Marinebesatzungen deutscher Schwarzmeereinheiten, die sich unter dem Kommando des tapferen Konteradmirals Zieb über die Donau im Kampf gegen die schweren Donaufestungen Tschernawoda und andere durchgesetzt hatten, und bis hierher gekommen waren. Die führerlosen Soldaten wurden in aller Eile zusammengefasst, zu einem Flüchtlingstreck vereinigt, und auf den Rückmarsch geschickt. Spähtrupps melden Feindspitzen bereits diesseits der Donau und Feindgruppen auch in Zajecar. Sie haben ein fürchterliches Blutbad unter den dort lebenden Volksdeutschen angerichtet.

Ein weiterer Spähtrupp stellt im letzten Augenblick ein Betriebsstofflager in Prahovo, südlich Negotin sicher. Es kann unter Feindbeschuss geräumt werden.

Südlich Negotin wird das II. Bataillon des 2. Regiment ‚Brandenburg‘ zum Flankenschutz des Regimentes herangezogen und eingesetzt.

Aus Brza Palanka an der Straße Negotin – Turnu Severin kommen alarmierende Nachrichten über die Einschließung der deutschen Stützpunktbesatzung. Sofort wird das I. Bataillon des 2. Regiments ‚Brandenburg‘ zu deren Entsatz in Marsch gesetzt.“

Den Gegenstoß nach Brza Palanka hat Oberleutnant Konrad Steidl in seinem Kriegstagebuch festgehalten:[38]

„Der Auftrag lautete einfach: ‚Befreiung der Besatzung, die in Brza Palanka ringsum von Bandenkräften eingeschlossen ist.‘ Am Nordufer der Donau marschiert bereits der Russe mit seinen Divisionen nach Westen. Das Gebiet, das ich zu durchstoßen habe, ist von Banden besetzt. Der Anmarschweg dorthin beträgt sechzig Kilometer. Ich muss die Sache mit den Fahrzeugen machen, denn in der Stadt sollen einhundertzwanzig Verwundete und viele Nachrichtenhelferinnen sein.

Mühselig kämpfen wir uns durch die Schluchten hinein. Immer wieder fliegen dicht vor uns Brücken in die Luft. Einige der Wagen fahren auf Minen, andere werden angeschossen. So geht es Tag für Tag. Hinter uns schließt sich wieder der Ring der Feinde. Die eigenen Verwundeten nehmen wir mit. Unsere Toten bleiben irgendwo am Rande der Straße zurück.

Zehn Kilometer vor Palanka lasse ich die Fahrzeuge stehen. Jork Adolf baut mit einem Teil seiner Kompanie darum eine dichte Igelsicherung auf. Durch die Wälder schiebe ich mich an Palanka heran. Es gelingt uns, durch eine schmale Öffnung des Einschließungsringes zu brechen.

Ein Bild der Vernichtung tut sich vor uns auf. Starkes Artilleriefeuer liegt auf dem Ort. Deutlich sehen wir auf dem Nordufer der Donau die rumänischen Batterien feuern. In einem Keller finden wir Schutz. Der Ortskommandant ist nicht zu finden. Ringsum auf den Höhen hallt Gefechtslärm. In einer Schlucht am Südausgang des Ortes finde ich die ersten Leute der Besatzung. Es sind Matrosen. Sie hatten schon an keine Hilfe mehr geglaubt. Die Verwundeten liegen in ihrem Blut, teilweise nicht einmal verbunden, in notdürftig hergerichteten Hütten. Der Ortskommandant, ein Hauptmann älteren Kalibers, den wir finden, ist der Sache nicht mehr gewachsen und mit seinen Nerven fertig. Ein Major, Ritterkreuzträger, schließt sich mir an. Er war unterwegs nach Kladovo und wurde hier eingeschlossen.

In aufgelöstem Zustand hocken die Nachrichtenhelferinnen in Löchern. Sie glauben sich in einer anderen Welt, als wir auftauchen.

Noch in der Nacht wird mit dem Abtransport der Verwundeten begonnen. Sie werden zu den Fahrzeugen geschleust. Da es an Tragbahren fehlt und ebenso an Trägern – meine Männer müssen den andrängenden Feind bekämpfen und zurückschlagen – wird es schwierig, aber es geht voran. Freiwillige finden sich, und auf provisorischen Tragen werden die Verwundeten in Sicherheit gebracht.

Ich bleibe die Nacht über in Palanka. In einer armseligen Hütte finden wir vor dem einsetzenden Regen einigen Schutz. Als alle Verwundeten und alle Helferinnen geborgen sind, ziehen wir kurz vor Tagesanbruch aus Palanka aus. Voran Kieffer mit seinen Männern als Sicherung. Wir erreichen alle Fahrzeuge. Die Verwundeten und Helferinnen werden hinauf gezwängt, und dann brausen wir zurück. Hinter mir rollt ein Spähwagen auf eine Mine, aber keiner wurde verwundet.

Als der Abend niedersank, waren wir mit allen Verwundeten und Mädchen in Negotin in Sicherheit. Niemals vorher und nachher haben wir uns über einen solchen Einsatz mehr gefreut. Die Dankbarkeit der Geretteten kannte keine Grenzen. Es waren bewegende Szenen, als wir uns von ihnen verabschieden."

Seit dem 24. September 1944 setzten sich Pfeiffers „Brandenburger" über Orsova und Vechee nach Svinita ab. Danach ging es über die Donau nach Milanovac. Was auf dem Westufer geschah, das erfahren wir wieder aus dem Kriegstagebuch des Oberleutnants Steidl:[39]

„Über den Höhenzug marschieren wir nach Milanovac, von dort werden starke Feindkräfte im Vormarsch auf diese Stadt gemeldet und Milanovac muss als Stützpunkt unter allen Umständen gehalten werden.

Entlang der Donau vorrollend, geht es über die von den Römern in den Fels gehauene Trajanstraße nach Westen. Wir passieren den Kasanpass. Hier bahnen sich die Fluten der Donau in zahlreichen Stromschellen und Wirbeln ihren Weg durch die phantastisch schöne Donauenge des Eisernen Tores. Die alten Türkeninsel Ada Kaleh mit ihren türkischen Kasematten ist mit ihrem Westende gegenüber Orsova zu sehen. Davor liegen zerschossene und gestrandete Tanker und Frachtschiffe. Auf ihnen sitzt der Russe!

Nach zwanzig Kilometern Fahrt erreichen wir das kleine Nest Svinita gegenüber Milanovac. Hier sollen wir eine Sicherung aufbauen, da die Russen uns nördlich bereits weit überholt haben.

Die Batterie Reisinger von der 1. Gebirgsdivision wird bei uns bleiben. Auf der steilen Höhe vor der Ortschaft halten meine Männer Wache. Weit und breit ist keine eigene Truppe zu finden. Lediglich Oberst Hildebrandt steht mit seiner Kampfgruppe noch am Eisernen Tor bei Jeselnica. Auch bei ihm hat der Feinddruck nachgelassen. Dafür marschieren Tag und Nacht die Kolonnen vor seiner Nase über Orsova nach Norden, um dann nach Westen einzudrehen, wo kein deutscher Widerstand zu erwarten ist. Die Lage ist aussichtslos, und wir beide geben an General Schneckenburger nach Belgrad durch, dass es hier dem Ende zugeht. (General der Infanterie Willi Schneckenburger, Kommandierender General des Korps Belgrad, trug bereits seit dem 1. August 1942 das Ritterkreuz, das er als Kommandeur der 125. Infanteriedivision erhielt. Am 14. Oktober 1944 ist er in Belgrad einer schweren Verwundung erlegen.)

Ich sitze in der Ortschaft mit meinem Stab in einem kleinen Häuschen. Auf der Dorfstraße stehen ausgebrannte russische Panzer und Stalinorgeln. Sie sind Zeugen des überraschenden Vorstoßes vor einigen Wochen, den Oberst Hildebrandt führte. Die durchwegs deutschen Bewohner des Ortes sind in die nahen Wälder geflohen. Der Russe aber zieht pausenlos und völlig ungestört weiter an uns vorbei und lässt uns hinter sich zurück."

Nun befahl der Oberbefehlshaber der Armeeabteilung Serbien eine Umgruppierung. Während General der Infanterie Willi Schneckenbruger den Abschnitt südlich der Donau an General der Infanterie Friedrich-Wilhelm Müller abgab, der nun nördlich der Donau führen sollte, wurden auch die Divisionen neu geordnet und seinem

Kampfauftrag unterstellt. Müllers XXXIV. Armeekorps erhielt den Auftrag, den westlich der Donau stehenden Gegner über den Strom zurückzuwerfen. Dazu standen ihm die Abteilung Rehe mit zwei Bataillonen des 2. Regiments „Brandenburg" und – nach deren Ablösung durch die 7. SS-Freiwilligengebirgsdivision „Prinz Eugen" – auch die 1. Gebirgsdivision zur Verfügung.

Die Gruppe von Stettner erhielt den Auftrag, die Donauschleife südlich des Eisernen Tores wieder von den Sowjets zu säubern und mit dem Regiment „Brandenburg" den Raum Negotin nach Osten abzuschirmen. Den südlichen Anschluss bildete die Gruppe des Generals Fischer. „Die Kampfgruppe Oberst Pfeiffer (II. und III. Bataillon des 2. Regiments ‚Brandenburg') ging daraufhin in das Moravatal ab, um die Verteidigung von Pozarevac südostwärts von Belgrad zu übernehmen."[40]

Der Kommandeur der 1. Gebirgsdivision wartete das Heranrücken der ablösenden Verbände nicht erst ab, sondern er verschob unter Belassung der ihm zugeteilten Kräfte des 2. Regiments „Brandenburg" im bisherigen Abschnitt zwischen Bela Palanka und Zajecar in das Gebirge nordwestlich von Negotin. Am 27. September 1944 gelang es Generalleutnant Ritter von Stettner, die sowjetische 74. Schützendivision auf Brza Palanka zurückzuwerfen. „Er zerschlug zwei russische Infanterieregimenter, konnte jedoch den eigentlichen russischen Brückenkopf nicht eindrücken. Zwei Tage darauf [...] richteten sowjetische Sturmtruppen, die beiderseits der Timok-Mündung die Donau überschritten hatten, den Angriff in Richtung Negotin. Das dort stehende Gebirgsjägerregiment 99 der 1. Gebirgsdivision und das II. Bataillon des 2. Regiments ‚Brandenburg' mussten sich im hinhaltenden Widerstand auf die Höhen westlich Negotin zurückziehen. Damit war eines klar: Es war nicht zu verhindern, dass die Rote Armee am zurückgebogenen Südflügel der 1. Gebirgsdivision vorbei stürmte und die Straße nördlich Zajecar überschreiten und auf Bor vorstoßen konnte."[41]

Durch einen feindlichen Panzervorstoß in der Stärke von zwei sowjetischen Schützenkorps mit fünf Divisionen und einer Panzerbrigade, Teilen des sowjetischen IV. mechanischen Korps sowie mindestens zwei Partisanendivisionen Titos, welche die Verbindungen der 1. Gebirgsdivision nach rückwärts abschnitten und sie damit vom Nachschub trennten, wurde die Stammdivision der deutschen Gebirgstruppe am 30. September in Richtung Morava in drei Teile gespalten, und zwar in die Hauptgruppe von Stettner, in die Kampfgruppe Groth sowie in die Quartiermeisterabteilung.

Was das 2. Regiment „Brandenburg" unter Oberst Franz Pfeiffer anbetraf, so erhielt der Führer der Kampfgruppe Steidl mit dem I. Bataillon den Befehl, den Ort Milanovac unter allen Umständen zu verteidigen. Denn die Ortschaft war ein Eckpfeiler nach Norden zur Donau sowie nach Osten gegen den inneren Donaubogen. Dort standen folgende Verbände: Das dezimierte I. Bataillon des 2. Regiments „Brandenburg", eine Gebirgsbatterie unter Oberleutnant Reisinger mit vier Geschützen, ein abgesplitterter Zug der 1. Gebirgsdivision, ein Flakzug der Luftwaffe, eine Donaufähre (Marinefährprahm) der Marine sowie ein Kanonenboot und einige Sturmboote. Die Gesamtstärke betrug rund 1.500 Mann. Verpflegung und Munition waren noch ausreichend vorhanden. Die Fahrzeuge der Kampfgruppe litten jedoch an Betriebsstoffmangel, sodass sie alles andere als beweglich waren.

„Die Funkverbindung zu meinem Regiment", so Hauptmann Steidl, „klappt noch so eben. Die Fernsprechverbindung zu General Schneckenburger nach Belgrad ist noch intakt. Der General hofft noch immer, eine Hauptkampflinie bei Orsova einrichten zu können, aber dazu stehen keine ausreichenden Truppen zur Verfügung. Der General will nicht einsehen, dass wir binnen kurzer Zeit nicht mehr nach Belgrad durchkommen werden. Die einzige offene Straße über Weißenburg nach Belgrad wird abgeschnitten, kurz nachdem die Kampfgruppe Hildebrandt nach Belgrad zurückgenommen wurde. Die Sprechverbindung nach Belgrad existiert nicht mehr. Wir stehen allein auf weiter Flur und hören im Wehrmachtsbericht, dass die Rote Armee in Weißkirchen ist und mit Teilen bereits an der Theiß in Ungarn steht.

Dann fällt auch der Nachschub aus, und die Verwundeten bleiben bei der Truppe. Dazu steht der Feind im Norden tief in unserem Rücken.

Im Süden kämpften sich die 1. Gebirgsdivision und Teile unseres Regimentes nach Belgrad zurück. Negotin fällt, die Russen sind im Donaubogen gelandet und stoßen, ohne Widerstand zu finden, in Richtung Milanovac vor. Noch am Nachmittag trifft bei mir ein SS-Offizier – Obersturmbannführer Steiner – ein. Er bittet mich, sich uns unterstellen zu dürfen, da er mit seiner Kompanie westlich von uns ohne jede Anbindung allein im Gelände hocke und zu seinem Verband ebenfalls keine Verbindung mehr habe. Wir nehmen ihn auf. Er und seine Männer bedeuten für uns eine ersehnte Verstärkung.

In den ersten Oktobertagen kämpfte sich das II. Bataillon des 2. Regiments ‚Brandenburg' unter Oberleutnant Kieffer von Don Milanovac über die Donau nach Norden zurück und sicherte am 2. Oktober auf dem Nordufer des Flusses nordostwärts von Svinita. Nova Banja war noch feindfrei, wie der Spähtrupp unter Oberjäger Maschik feststellte.

Um 22.30 Uhr ging es wieder nach Milanovac zurück. Die Motorfähre schaffte dies binnen kürzester Zeit. Noch in der Nacht fuhren das uns unterstellte Kanonenboot und die Fähre mit Verwundeten und Kranken nach Belgrad los. Sie sind noch durchgekommen, wie Feldwebel Resch in seinem Tagebuch versichert.

In Don Milanovac betrug die Kompaniestärke noch drei Offiziere, zwölf Unteroffiziere und einhundertfünf Mann. Die Kampfstärke der einhundertfünf Mann betrug nach Abzug der Leichtverwundeten noch neunundachtzig Mann.

Die Feuerüberfälle der russischen Artillerie in der kommenden Nacht verursachten keine Ausfälle. Auch ein Bomben- und Bordwaffenbeschuss der russischen Schlachtflieger forderten keine weiteren Opfer. Es gab lediglich zwei Leichtverwundete und zwei beschädigte Fahrzeuge. Der am frühen Morgen gegen die Höhe 283 vorgetragene eigene Angriff gelingt. Der Feind wird dort geworfen."[42]

Mit dem Vorstoß der Roten Armee südlich von Zajecar zwischen die 1. Gebirgsdivision und die 7. SS-Freiwilligengebirgsdivision „Prinz Eugen" wurde die Verbindung zwischen diesen beiden Gebirgsverbänden zerrissen. Am 8. Oktober 1944 brachen sowjetische Panzer in das Tal der Morava ein. Das bedeutete, dass die Armeeabteilung Serbien unter dem General der Infanterie Felber eine neue Abwehrfront aufbauen musste. Nun zog sich die „Prinz Eugen" an die Morava zurück, während sich die 1. Gebirgsdivision vom Feind löste, um das westliche Ufer der Morava zu gewinnen – und zwar unter Aufnahme der Kampfgruppe Wittmann, der 117. Jägerdivision, die auch arg dezimiert war sowie der motorisierten Grenadierbrigade 92 und dem I. Bataillon des 4. Regiments „Brandenburg". Das gesamte 2. Regiment „Brandenburg" kämpfte unter Oberst Pfeiffer mit letztem Einsatz heißt es im Tagebuch des Feldwebels Resch:[43]

„Unsere 2. Kompanie liegt etwa fünfzig Meter, stellenweise nur noch dreißig Meter vor den russischen Stellungen. Zwei feindliche Angriffe werden im Nahkampf während der Nacht auf der Höhe 283 abgeschlagen, und der letzte, der insgesamt zwölf Angriffe der Sowjets, der gegen 08.00 Uhr erfolgte, brach direkt vor unseren Kampfständen und Löchern zusammen. Wir haben schwerste Verluste erlitten. Der Feind liegt zu einigen Hunderten im Gelände vor unserer Verteidigung.

Die Verbindung zu unserem III. Bataillon (2. Regiment ‚Brandenburg'), das zu unserem Entsatz angreifen sollte, konnte nicht wieder hergestellt werden. Gegen 12.00 Uhr löst sich unsere 2. Kompanie unbemerkt vom Feind von der Höhe 283. Feldwebel Resch erkundet vor ihr den Rückweg und Abtransport der Verwundeten nach Milanovac. Mit wenigen Männern deckt Oberleutnant Kieffer den Rückzug. Gegen 22.00 Uhr setzt sich das verstärkte I. Bataillon des 2. Regiments ‚Brandenburg' aus Milanovac ab. Alle Fahrzeuge mussten jedoch – von uns vorher zerstört – stehen bleiben. Die Verwundeten werden auf Tragtieren und Mauleseln durch das unwegsame Gelände mitgenommen. Später konnten sie auf gefundene Ochsenkarren umgebettet werden. Bis auf einen Verwundeten, der irgendwo zurück blieb, wurden alle mit zurückgebracht. Am 9. Oktober ging es in Richtung Dobra weiter. Ab 15.00 Uhr greift der Russe unsere Nachhut an. Es kommt zu schweren Gefechten. Ich übernehme in Eile die Spitze mit einem Teil der Kompanie, um den Abtransport der Verwundeten zu beschleunigen, bis Oberleutnant Kieffer die Russen mit dem Rest der Kompanie stoppt, was auch gelingt."

Während am 15. Oktober 1944 noch Teile des 2. Regiments „Brandenburg" auf dem Westufer der Morava standen, um Auffangstellungen für die von Osten zurückströmenden Einheiten der Wehrmacht und Waffen-SS zu bilden, tauchten gegen 13.00 Uhr die ersten sowjetischen Verbände auf dem Ostufer des Flusses auf. Das Ziel der deutschen Truppen hieß nun Belgrad. Doch seit dem Vormittag des 15. Oktober hatte sich die Rote Armee bereits in den südlichen und südwestlichen Bezirken der Stadt festgesetzt und beherrschte vom Avalaberg aus die Straße Smederevo – Belgrad, sodass an einen Durchbruch nicht mehr zu denken war. Nun waren die deutschen Verbände im Raum Belgrad großräumig eingekesselt.

„Wir erhielten um 23.00 Uhr des 17. Oktober den Befehl zum Durchschlagen nach Westen," berichtet Feldwebel Resch von den „Brandenburgern". „Auf der Straße nach Belgrad herrschte ein wüstes Durcheinander. Fahrzeuge lagen ineinander gefahren, brennend und verbeult, durcheinander. Der Russe beschießt bereits mit seinen Maschinengewehren die Straße. Verwundete, überwiegend von der 1. Gebirgsdivision, liegen in zwei Häusern an der Straße dicht aufeinander. Um 23.00 Uhr brennen beide Häuser. Viele der Verwundeten kommen in dieser Flammenhölle ums Leben. Wir schlagen uns bis zu unseren Fahrzeugen durch, um dort noch etwas Verpflegung oder einige Decken zu ergattern. Der Chef rückt mit der Kompanie an. Unterwegs treffen wir einen Funktrupp vom Bataillon. Die zehn Mann desselben schlossen sich uns an. In der Nacht müssen wir unsere Kompanie tatsächlich überholt haben, denn bei der Funkverbindung hörten wir, dass sie noch hinter uns lag."[44]

Als der Kessel von Belgrad von der Roten Armee fest umklammert und damit die letzte Chance für eine Zurückgewinnung der jugoslawischen Hauptstadt vertan war, befahl Generalleutnant Ritter von Stettner die Zusammenfassung aller nur greifbaren Verbände und den Durchbruch nach Westen in Richtung Šabac an der Save. „Um Mitternacht zum 18. Oktober versammelten sich beiderseits Bolec und bei Vrein die Stoßkeile der Durchbruchskräfte. Vorn das Gebirgsjägerregiment 98, dahinter die Kampfgruppe Wittmann – dabei das I. Bataillon des 4. Regiments ‚Brandenburg' – und als Nachhut das Gebirgsjägerbataillon 54. Dazwischen die Trosse, zahlreiches Personal – auch weibliches – der aufgelösten Dienststellen Belgrads und Flüchtlinge aus der Stadt."[45]

Die Rückzugs- und Durchbruchsgefechte der aufgesplitterten 1. Gebirgsdivision und der „Brandenburger" waren verlustreich und schwierig, denn sie wurden immer wieder von schnellen Verbänden der Roten Armee überholt und eingeschlossen. Am 22. Oktober konnte die erste lockere Auffangstellung nördlich der Save eingenommen werden. Hier erhielt Oberst Franz Pfeiffer den Befehl, mit dem 2. Regiment der Division „Brandenburg" nach Essig in Ungarn zu verlegen.

Nach dem Aderlass der zurückliegenden schweren und verlustreichen Kämpfe um Belgrad erfolgte die Eingliederung des Nachersatzes in die Truppe und deren Ausbildung hinsichtlich des weiteren Kriegseinsatzes sowie eine kurze Ruhezeit. Währenddessen wurde der Kommandeur des 2. Regiments der „Brandenburger" vom Balkan abberufen und einer anderen Verwendung zugeführt.

Kommandeur der Mittenwalder Gebirgsjägerschule

Zunächst wurde Oberst Franz Pfeiffer am 7. November 1944 in die Führerreserve des Oberkommandos des Heeres versetzt, um dann am 23. November bis Kriegsende zum Kommandeur der Gebirgsjägerschule in Mittenwald ernannt zu werden. Sie war am 15. September 1944 mit den Lehrgruppen I bis III und einem Fahnenjunkerlehrgang im Salzburger Wehrkreis XVIII aus der Taufe gehoben worden.

Unter dem Stammpersonal befanden sich selbstverständlich fast ausnahmslos Angehörige der deutschen Gebirgstruppe; wie zum Beispiel der Oberfeldwebel Walter Hans Wriedt, der am 25. Oktober 1943 als Zugführer in der 13. Kompanie des Gebirgsjägerregiments 138 für seine hervorragende Tapferkeit und sein selbständiges Handeln beim Gegenstoß der 3. Gebirgsdivision in der Redkinaschlucht mit dem Ritterkreuz des Eisernen Kreuzes ausgezeichnet wurde, weil er als harter Kämpfer einen entscheidenden Kampferfolg im Rahmen der neu aufgestellten 6. Armee im Bereich der Heeresgruppe Süd erzielt hatte.

Einer der besten und zuverlässigsten Mitarbeiter Pfeiffers war der Hauptmann Arthur Ziegler, der ebenfalls jahrelang der Gebirgstruppe angehörte. Er war von Oktober 1938 bis September 1943 Angehöriger der 1. Gebirgsdivision. Mit der 14. Kompanie des Gebirgsjägerregiments 99 und seit Dezember 1942 als Chef der 12. Kompanie des Gebirgsjägerregiments 99 nahm er an den Feldzügen gegen Polen, Frankreich, Jugoslawien und Russland teil. Von Dezember 1943 bis Januar 1945 war er als Regimentsadjutant und zuletzt als Bataillonsführer im Grenadierregiment 974 im Verband der 367. Infanteriedivision an der Ostfront eingesetzt. Nach mehrfachen Verwundungen absolvierte er in den letzten Monaten bis zum Kriegsende seinen Dienst an der Mittenwalder Gebirgsjägerschule. Ziegler wurde wegen vorbildlicher Tapferkeit wiederholt ausgezeichnet, und zwar unter anderem mit der Ehrenblattspange des Heeres und dem Ritterkreuz des Eisernen Kreuzes, welches ihm am 23. August 1944 verliehen wurde. Er verstarb nach langem, schwerem Leiden am 17. Juni 1987 im Alter von 69 Jahren in Nürnberg.

Während sich die Zusammenarbeit mit dem Ritterkreuzträger Arthur Ziegler problemlos gestaltete, hatte Oberst Pfeiffer aufgrund komplizierter Befehlsregelungen am Nordrand der „Alpenfestung" einige Kompetenzschwierigkeiten mit seinen Offizierskameraden aus den Gründerjahren der Stammdivision der deutschen Gebirgstruppe durchzustehen.

Es war am 1. April 1945, als Oberst Ludwig Hörl mit Wirkung vom 17. März zum Standortbereichsführer von Garmisch-Partenkirchen sowie zum Kommandeur des Gebirgsjägerersatzregiments 537 ernannt wurde. Nach der Verlegung des Gebirgsjägerersatzregiments 1 nach Südfrankreich wurde das Gebirgsjägerersatzregiment 537 in Garmisch aufgestellt. Ihm waren das I. Gebirgsjägerersatzbataillon 98 in Garmisch, das Gebirgsjägerersatzbataillon 99 in Sonthofen, das Gebirgsjägerersatzbataillon 100 in Bad Reichenhall sowie die Gebirgsjägernachrichtenersatzkompanie 1 in Oberammergau unterstellt.[46]

Die Aufgabe des Ersatzregiments bestand darin, die eintreffenden und genesenden Soldaten zu sammeln. Wenn etwa eine Bataillonsstärke beisammen war, wurden die sogenannten Marschbataillone aufgestellt und dann den Feldeinheiten zugeführt. Mit diesem letzten Aufgebot sollte Oberst Hörl Ende April 1945 im „Schutzbereich Garmisch-Partenkirchen" noch eine Verteidigungslinie aufbauen.

Noch im selben Monat erhielt der Kommandeur der Mittenwalder Gebirgsjägerschule den Befehl, die Kommandogewalt sowohl über das Gebiet zwischen Bad Tölz und dem Tegernsee als auch im Raum Oberau, dem Ammertal, Garmisch-Partenkirchen und Mittenwald zu übernehmen. Hierzu wurden Oberst Franz Pfeiffer unter anderem auch seine langjährigen Gebirgsjägerkameraden Oberst Ludwig Hörl und Michael Pössinger unterstellt, die gesundheitlich derart angeschlagen waren beziehungsweise so schwere Kriegsverletzungen davon getragen hatten, dass sie deshalb von der eisenhaltigen Ostfront in das beschauliche Werdenfelser Land verlegt wurden.

Aber nicht nur sie. Denn „noch am 25. April strömten hohe Stäbe und Teile von Ministerien nach Werdenfels ein; ein Durcheinander von Kompetenzen, Befehlen, gegenseitigen Absetzungen. Dazwischen wird von den Standortoffizieren eine Proklamation an die Bevölkerung vorbereitet. Landrat Dr. Wisent ist einverstanden, Kreisleiter Schiede macht Schwierigkeiten, will den Aufruf verwässern."[47]

Garmisch-Partenkirchen machte während der letzten Kriegstage den Eindruck eines Heerlagers Wallensteinischer Prägung. Im Stabsgebäude der 1. Gebirgsdivision wurde zwischen den Standortoffizieren und den wechselnden „Sonderbeauftragten des Führers" beziehungsweise den Kommandeuren der „Alpenfestung" bis zum letzten Augenblick erbittert zwischen totaler Verteidigung und kampfloser Übergabe an die vorrückenden Amerikaner gerungen. Den Etappenfürsten kam dabei zu Ohren, dass die Bevölkerung gegen Resttruppen, die sich bis zur letzten Patrone verteidigen wollten, eine feindselige Haltung einnimmt.

Angesichts der immer weiter in Richtung „Kernfestung Alpen" vorrückenden amerikanischen Verbände erhielt Pfeiffer einen Funkspruch von „oben", wie er sich ausdrückte. In dem darin enthaltenen „Führerauftrag" wurde er aufgefordert, „die Festung Alpen zu verteidigen." Mehr noch. Das Ende dieses Funkspruchs lautete ganz unmissverständlich: „Das Schicksal der Festung liegt in ihrer Hand."[48]

Daraufhin rief der Kommandeur der Mittenwalder Gebirgsjägerschule umgehend die Offiziere in Garmisch-Partenkirchen zusammen, da er ein Blutvergießen vermeiden wollte. Dabei sagte er zu Hörl: „Du bist zwar älter als ich, aber hier ist der Befehl. Für uns beide ist der Krieg zu Ende. Aus diesem Grunde werden wir auch keinen Widerstand leisten, wenn die Lazarettstadt Garmisch-Partenkirchen von den vorrückenden Amerikanern angegriffen wird. Das heißt für uns: Übergabe ohne Blutvergießen aufgrund der ausweglosen Lage."[49]

Es war Oberst Pfeiffer, der angesichts des zügigen Vormarsches der US-Amerikaner und unklarer deutscher Abwehrmaßnahmen Oberst Hörl in Marsch setzte, um eine Sperre bei Oberau zu erkunden. „Defätismus und Opportunismus zersetzten auch weiterhin die Hierarchie der angeblich so fanatisch loyalen SS", konstatierte Rodney Minott in seinem Buch über „Hitlers Alpenfestung", aber auch die der Wehrmacht, „die nach Ansicht der Amerikaner den Kern des gewaltigen Abwehrsystems in den Alpen bilden sollte."[50]

Wegen der mangelhaften deutschen Verteidigungsstellungen und der Aussicht, den Krieg noch unversehrt zu beenden, lief Hörl nach Pfeiffers Aussage in Oberau „zu den Amis über". Doch damit nicht genug der Vorwürfe. Seine Fahnenflucht, so der Kommandeur der Gebirgsjägerschule, münzte er später geschickt in eine Befreiungsaktion um, sodass er sich nach Kriegsende nach dem betagten Generalfeldmarschall Wilhelm List ebenfalls als „Retter von Garmisch-Partenkirchen" feiern ließ. Denn „seiner Besonnenheit ist es zu verdanken, dass es dort zu keinen größeren Kampfhandlungen und Zerstörungen kam. Am 29. April 1945 übergab er den Amerikanern kampflos das Werdenfelser Land."[51]

Hinsichtlich einiger widersprüchlicher Vorgänge in der „Alpenfestung" hat der Oberstleutnant a. D. Michael Pössinger eine andere Bewertung vorgenommen als sein damaliger Vorgesetzter Pfeiffer, welcher seinerseits den Eichenlaubträger Pössinger sehr kritisch beurteilte. So erfahren wir von ihm über das Kriegsende im Werdenfelser Land, dass Hörl mit Pfeiffer erbittert verhandelte, „der noch am Morgen des 29. April bis zur letzten Minute und bis zum Verschuss der Munition eine Verteidigung bei Oberau und Farchant im Sinn hat und sogar Eschenlohe mit der Waffe von seiner Bevölkerung räumen lassen will, weil die Eschenloher und die Belegschaft des Kalksteinwerkes eine drohende Haltung gegen die deutschen Verteidiger eingenommen haben. Schließlich gelingt es ihm, seinen Widersacher von der Sinnlosigkeit dieser Aktion zu überzeugen und dazu zu bewegen, wieder zurück nach Mittenwald zu fahren. Auch den um 17.00 Uhr von Pfeiffer überraschenderweise doch noch fernmündlich übermittelten Befehl, den Raum Garmisch bei Farchant zu verteidigen, wozu er zweihundertfünfzig mit Panzerfäusten ausgerüstete Offiziere der Führerreserve des Oberkommandos der Wehrmacht in Mittenwald schicken werde, befolgt er ebenso wenig wie den kurz zuvor vom Armeeoberkommando 19 übermittelten Befehl des Feldmarschalls Kesselring, rücksichtslos zu verteidigen, offene Städte gäbe es nicht."[52]

Unterdessen hatte die Standortkommandantur von Garmisch-Partenkirchen in einer Lautsprecherdurchsage an die Bevölkerung zu Ruhe und Disziplin aufgerufen und das Standrecht verhängt. „Es geht dabei auch um die ‚Lazarettstadt' Garmisch-Partenkirchen, denn", so der Lokalredakteur Kaiser in der Heimatzeitung, „hier liegen im Standortlazarett und in den Hotels 10.000 oder noch mehr Verwundete! Das Standortlazarett versorgt bis zuletzt die übrigen Plätze aus einer Zentralapotheke mit Medikamenten und Material, es wird noch unentwegt operiert. Noch um 17.00 Uhr kommt aus Mittenwald ein Befehl, [...] den Raum Garmisch-Partenkirchen bei Farchant zu verteidigen."[53]

Dazu kam es allerdings nicht mehr, denn um 18.45 Uhr rasselten schwere amerikanische Panzer in einer langen, furchterregenden Kolonne in den Olympiaort unter der Zugspitze ein. Mit welch gemischten Gefühlen die GI's in die „Kernfestung Alpen" eingedrungen waren und wie vorsichtig sie sich in den engen Gebirgstälern vorwärts tasteten, darüber informiert uns Christian Hallig, der hinsichtlich der „Alpenfestung" und ihrer Truppenstärke von einem US-Colonel wie folgt befragt wurde:

„Wie viele Truppen in Mittenwald und anderen Standorten des Alpenraumes liegen würden, welche Bewaffnung vorhanden sei, wie man die Stimmung unter den Soldaten und Offizieren beurteilen müsse. Ob größere Mengen Verpflegung und Munition jeder Art in den Alpenraum gebracht worden seien in letzter Zeit. Wie sich die Partei, ihre Funktionäre, verhielten, und was die Bevölkerung zu dem unaufhaltsamen Vorrücken der Alliierten an allen Fronten sage – vor allem, ob stärkere SS-Verbände da seien. Die Fragen kamen so rasch hintereinander, und ich versuchte, sie so präzise wie möglich zu beantworten. Und klarzumachen, dass in Mittewald keineswegs Kampfbereitschaft herrsche. Weder bei den Zivilisten noch bei den Soldaten. Dass die letzte Entscheidung beim Standortkommandanten von Mittenwald liege, dem Oberst und Ritterkreuzträger Pfeiffer."[54]

Und weiter bohrte der amerikanische Oberst: „Hören Sie zu. Garmisch ist Lazarettstadt, deshalb konnten wir den Ort ohne Kampf nehmen. Und hier erst, in Richtung Mittenwald, beginnt die Festung Alpen. Neue Truppen, die Fähnriche, sind angekommen. Vielleicht sind sie heute schon bestens bewaffnet. Aber was ist dann mit Seefeld, Innsbruck, dem gesamten Alpenraum?"[55]

Die unerwartete Kapitulation von Garmisch-Partenkirchen durch Offiziere der Gebirgstruppe hatte das wichtige Werdenfelser Eingangstor in die „Kernfestung Alpen" ganz weit aufgestoßen. Da nun die Gefahr eines amerikanischen Durchbruchs auf Innsbruck nicht mehr von der Hand zu weisen war, befahl der Oberbefehlshaber West in der Nacht zum 30. April 1945 eine Grenzverschiebung zwischen der 1. und 19. Armee nach Osten, wobei der Abschnitt Garmisch-Partenkirchen nun von der 19. Armee übernommen werden musste. „Armeeoberkommando 19 meldete, dass es über keinerlei Kräfte verfüge, um diesen Abschnitt zu übernehmen," notierte der Oberbefehlshaber. „Da der Befehl aufrechterhalten blieb, konnte sich die Abwehr nur auf die bisher nördlich von Garmisch eingesetzte Gebirgsjägerschule Mittenwald stützen, welche durch den Angriff der amerikanischen 10. Panzerdivision geworfen war und deren Reste bei Kaltenbrunn stehen sollten [...]. Zu den bisherigen zwei Hauptverbindungslinien [nach Bregenz und Reutte] war durch diesen Befehl des

Oberbefehlshabers West nunmehr eine dritte: Garmisch – Zirler Pass – Innsbruck – Brenner – Italien dazugekommen [...]. Eine Schwerpunktverlagerung der Abwehr an diese Linie“, so General Brandenberger, „war Armeeoberkommando 19 jedoch völlig unmöglich.“[56]

Doch die Mittenwalder Gebirgsjägerschule war zu diesem Zeitpunkt alles andere als ein kampfkräftiger Verband. „Sie bestand aus einigen Hundert aktiven Offizier- und Reserveoffiziersbewerbern der Gebirgstruppe. Schwere Waffen waren nicht vorhanden.“[57] Dennoch hatten Gebirgseinheiten in ihrem unerschütterlichen Glauben an die „Alpenfestung“ am 28./29. April 1945 bei Kaltenbrunn und am Kesselberg zwischen dem Walchen- und dem Kochelsee einen Sperriegel besetzt, während der Ritterkreuzträger Franz Pfeiffer wie die spanischen Konquistadoren bei ihren Eroberungszügen in Mexiko und Peru vom Goldrausch erfasst wurde...

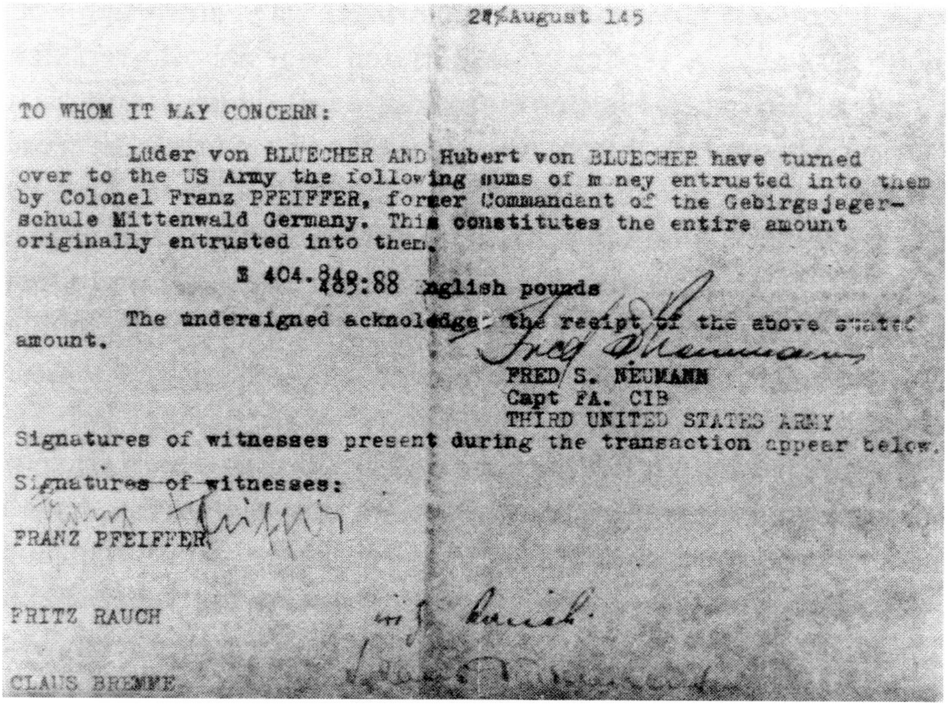
2? August 145

TO WHOM IT MAY CONCERN:

Lüder von BLUECHER AND Hubert von BLUECHER have turned over to the US Army the following sums of money entrusted into them by Colonel Franz PFEIFFER, former Commandant of the Gebirgsjeger-schule Mittenwald Germany. This constitutes the entire amount originally entrusted into them.

£ 404.849:88 / 405:88 English pounds

The undersigned acknoledges the receipt of the above stated amount.

FRED S. NEUMANN
Capt FA. CIB
THIRD UNITED STATES ARMY

Signatures of witnesses present during the transaction appear below.

Signatures of witnesses:

FRANZ PFEIFFER

FRITZ RAUCH

CLAUS BREMME

Kurz nachdem Oberst Pfeiffer diese Quittung unterzeichnet hatte, verschwand ein Teil des Reichsbankschatzes.

Oberst Pfeiffer und der Reichsbankschatz vom Walchensee

„Der Zweite Weltkrieg war hoffnungslos verloren, trotzdem unternahmen die Nazis einen letzten verzweifelten Versuch, ihre enormen zusammengeraubten Gold- und Silberschätze sowie gewaltige Summen in allen möglichen Währungen vor den Alliierten, die gegen Berlin vorrückten, in Sicherheit zu bringen," heißt es in einer Reportage der Londoner „Sunday Times" am 26. Februar 1984. „Hitler befahl persönlich, diese Reichtümer in den Süden zu schaffen und in den Alpen zu verstecken."[58]

Der Walchensee ist der tiefste und geheimnisvollster aller oberbayerischen Seen. Vielen Schwimmern und Bootsfahrern wurde er schon zum Verhängnis, wenn die unberechenbaren Fallwinde aus den Bergen das Wasser urplötzlich aufwühlen. Ringsum ist der sieben Kilometer lange und fünf Kilometer breite See von einem urwüchsigen Ufer und einem Kranz stattlicher Gipfel eingerahmt. Unter ihnen befinden sich so klangvolle Namen wie Benediktenwand oder Herzogstand. Unbekannter ist dagegen der Steinriegl als nördlicher Teil des Klausenkopfes.

Es war im April 1945, als drei Männer Adolf Hitler in seinem Führerbunker in Berlin aufsuchten. Ihre Namen: Walther Funk, Reichswirtschaftsminister und Reichsbankpräsident; Hans-Heinrich Lammers, Staatssekretär der Reichskanzlei; Friedrich Josef Rauch, als SS-Standartenführer Lammers Adjutant, der für die Sicherheit Hitlers im Führerbunker zuständig war. Sie trugen dem Führer eine fixe Idee vor: Die Gold- und Devisenreserven der Reichsbank sollten angesichts des zügigen Vormarsches der Roten Armee aus Berlin herausgebracht werden.

Als die Fahrzeugkolonne am 14. April 1945 aus der hart umkämpften „Festung Berlin" in Richtung „Kernfestung Alpen" abfuhr, unterlag sie der höchsten Geheimhaltungsstufe. Das hatte guten Grund, denn die Fracht bestand aus einem Vermögen, „wie es noch keiner der begleitenden Polizisten zu Gesicht bekommen hat: acht Beutel mit Devisen, jeder etwa sechzig Zentimeter hoch, und 365 Säcke mit je einem Goldbarren – darunter an auch Zahngold vergaster Juden, das der SS-Hauptsturmführer Bruno Melmer aus den Konzentrationslagern der Deutschen Reichsbank übergeben hat."[59]

Aber nicht der gesamte Reichsbankschatz landete in der „Alpenfestung", denn Reichsbankpräsident Funk ließ einen Großteil der Goldreserven des Großdeutschen Reiches in das thüringische Kalibergwerk von Merkers bringen. Der andere Teil zog eine über zweitausend Kilometer lange Goldspur in die „Alpenfestung".

Die beiden britischen Autoren Ian Sayer und Douglas Botting haben Zeugen befragt und Dokumente des Geheimdienstes gesichtet. Ihren Nachforschungen zufolge wurde ein Teil des Reichsbankschatzes unter der Leitung des SS-Standartenführers

Rauch mit einem Konvoi von Lastwagen der Marke „Opel-Blitz“ nach Bayern transportiert. Laut Inventarliste umfasste die Ladung der Kolonne 364 kleinere Säcke mit 723 Goldbarren, fünfundzwanzig Kisten mit einhundert Goldbarren und zwanzig Kisten mit Goldmünzen im Wert von fünfzehn Millionen Dollar. Nach Angaben der beiden Briten führten die Lastwagen aber auch eine große Menge unregistrierter Goldmünzen und wahrscheinlich auch riesige Summen an Devisen mit. Das Ergebnis ihrer umfangreichen Recherchen veröffentlichten Sayer und Botting mit der „Sunday Times“ in ihrem 1984 in London herausgegeben Buch „Nazi Gold. The Story of the World's Greatest Robbery – And its Aftermath”, in dem der Name des Ritterkreuzträgers Franz Pfeiffer immer wieder auftaucht.

Am Morgen des 19. April erreichte der Transport des Reichsbankschatzes München. Dort wurden von der Reichsbank sechs Kisten und achtundneunzig Beutel mit Devisen übernommen. Ziel des Unternehmens „Reichsbankschatz“ war zunächst der oberbayerische Bergwerksort Peißenberg, wo der Transport in einem Schuppen versteckt wurde. Dann entschloss man sich nach einem anderen Unterschlupf Ausschau zu halten. Nachdem man davon abgesehen hatte, das Gold im dortigen Bergwerk einzumauern, wurde der sagenumwobene Reichsbankschatz von Peißenberg nach Mittenwald transportiert, wo Oberst Pfeiffer in der Gebirgsjägerschule bereits Ausschau hielt. Was dann mit dem Reichsbankschatz geschah, darüber unterrichtet uns Pfeiffers anhänglicher Gebirgsjägerkamerad Dr. jur. Wolfgang Bernklau, der mit dem Ritterkreuzträger jahrzehntelang sehr eng befreundet war. Seine Tätigkeit bestand in den letzten Kriegsmonaten am Standort Murnau darin, die am Alpenrand sich zurückziehenden Truppen zu versorgen sowie die lebenswichtigen Verbindungen zwischen den Versorgungseinrichtungen im Münchner Wehrkreis VII und im benachbarten Salzburger Wehrkreis XVIII aufrechtzuerhalten.

„Am Samstag, dem 21. April 1945, vormittags,“ so Bernklau, „kam eine Dreiergruppe in die Kaserne, die den Abteilungsleiter ‚Nachschub‘ in höherem Auftrag sprechen wollte. Da sie sich bereits an der Wache ausgewiesen hatten, ließ ich sie vor, zwei Männer in Zivil und ein Offizier der Panzertruppe. Der zivile Wortführer stellte sich als Reichsbankrat Blücher aus Berlin vor, die beiden anderen Namen schrieb ich mir nicht auf. Der Sprecher trug vor, dass er eine Ladung des Reichsbankgoldes in die ‚Alpenfestung‘ sicher zu verbringen habe und dazu dringend die nötigen Kraftfahrzeuge für ein bis zwei Tage benötige. Er sei vom Chef des Heeresverwaltungsamtes im Oberkommando des Heeres – seit 20. Juli 1944 war dies der SS-Obergruppenführer August Frank – in seinem Ausweichquartier am Sudelfeld an mich persönlich verwiesen worden. Dies schien glaubhaft, weil ich schon seit Wochen von dort Aufträge, Weisungen und Befehle erhielt.[60]

Für den Weitertransport des wertvollen Ladegutes in den Raum von Garmisch-Partenkirchen und Mittenwald stellte Bernklau drei Lastkraftwagen bereit. „Mit meinem schriftlichen Fahrauftrag an die Fahrbereitschaft in der Kaserne meldeten

Cover des Werkes „Nazi Gold. The Story of the World's Greatest Robbery – And its Aftermath" von Ian Sayer und Douglas Botting.

sich die drei ab."[61] Zunächst fuhr der Goldtransport über die „Olympiastraße" nach Garmisch-Partenkirchen, wo das Edelmetall in den Kellerräumen des dortigen Offizierskasinos von Gebirgsjägern kurz zwischengelagert wurde. Daraufhin nahm der SS-Führer Rauch Verbindung mit dem Kommandeur der Gebirgsjägerschule von Mittenwald auf. Dieser war ein ganz ausgefuchster Offizier, der mit allen Wassern gewaschen war und den Reichsbankschatz unter keinen Umständen mehr aus den Augen verlieren wollte.

„Weitertransport nach Mittenwald", befahl der Ritterkreuzträger angesichts des zu erwartenden, unverhofften Goldsegens.

Im Geigenbauort angekommen, ließ er den Reichsbankschatz, der nach seinen eigenen Angaben aus Goldbarren, Banknoten und Edelsteinen bestand und nach Kriegsende zum Wiederaufbau Deutschlands verwendet werden sollte, kurzzeitig in der Kegelbahn des Offizierskasinos einsperren. Doch wie einst die spanischen Eroberer im Land der Mayas und Azteken, so waren auch Pfeiffers Mulitreiber vom Goldschatz dermaßen geblendet, dass einige versuchten, Goldbarren am offenen Kamin umzuschmelzen, während andere in ihrem Goldrausch aus Banknoten sogenannte „Fidibus"-Zigaretten drehten und mit hastigen Zügen rauchten."[62]

„Als endgültiges Versteck machte man den Steinriegl aus", konstatierte Hallig, „einen tausend Meter hohen, bewaldeten Berg" am Walchensee. „Ein Kommando von zwölf Offizieren hatte den Transport zu übernehmen, mit Mulis und in Zivil gesteckten Soldaten als Treibern. Am 25. April traf die Kolonne abends ein. Alles wurde in den Stall des Forsthauses gebracht; zwei Goldbarren fehlten –rätselhaft. Nach dem Nachzählen wurden die Mulis wieder beladen, und im Schein von Taschenlampen ging es hoch zu der Grube, die ein Vorkommando bereits ausgehoben hatte. Sie war an den Wänden mit Brettern und Bohlen abgedeckt worden, auch mit wasserdichten Planen. Auch Waffen und Lebensmittel wurden eingelagert. Zugeschaufelt und mit Moos und Gestrüpp getarnt. Die zwei Goldbarren fanden sich in der Kegelbahn, wurden Funk ausgehändigt. Jahre später Vernehmungen von Beteiligten durch die Kripo München, weil Bestände von Devisen fehlten. Ergebnis: Niemand wusste etwas."[63] Am allerwenigsten, so gab er später zu Protokoll, Oberst Franz Pfeiffer.

Was dann mit den Goldbarren geschah, lässt sich aus Berichten von Christian Hallig und Henriette von Schirach rekonstruieren; allerdings nicht widerspruchsfrei, da sich die Ehefrau des Reichsjugendführers, die mit der Familie des Reichsbankpräsidenten Funk eng befreundet war, in der Gegend um den Walchensee recht gut auskannte. „Das ganze Gebiet wird nun streng abgesperrt", bemerkte sie in ihrem Buch „Der Preis der Herrlichkeit". „Volkssturmmänner aus Kochel bewachen das Revier, als sie die Mannschaften des Transportes nach ihren Ausweisen fragen, da sie in den schlechtgekleideten Männern Deserteure vermuten, staunen sie – durch alte Uniformen als einfache Soldaten getarnt, verbergen sich höchste Ränge. Die Muli werden bepackt und hinaufgetrieben, keine Stunde dauert der Weg, seitlich vom

Trampelpfad ist eine Waldwiese, sie erscheint wie geschaffen für ihre Bestimmung."[64] Und dann beschreibt Henriette von Schirach, wie drei große Löcher gegraben werden; das eine für das Gold, das zweite für Sanitätskisten, die aber mit Brillanten gefüllt sind, und das dritte für Verpflegung, Munition sowie Verbandsmaterial. Hinzu kam noch eine Höhle, die als Bunker für Devisen diente. Da sich die Wachmannschaften des Reichsbankschatzes in den letzten Tagen des Zweiten Weltkrieges nicht mehr auf einen Kampf mit den vorrückenden amerikanischen Verbänden einlassen wollten, setzte sich einer nach dem anderen stillschweigend ab.

Im Juni 1945 erfuhren die Amerikaner als Besatzungsmacht in Bayern vom verborgenen Nazischatz in den Walchenseer Bergen. Schnell fanden sie heraus, dass die Goldspur in das Forsthaus Einseidl führte. Dort, so Henriette von Schirach, kamen sie „mit vorgehaltener Pistole" zur Sache und forderten die Familie F., die in einem Nebengebäude des Forsthauses evakuiert war, auf, das Versteck preiszugeben. „F. führt die Amerikaner hinauf zum Steinreigl; wenn er [sich] umschaut, sieht er in die Mündung einer Pistole. Auf dem holprigen Weg kann man noch genau die Abdrücke der Mulihufe erkennen. Herumliegendes Heu und Tannenzweige bezeichnen das Lager", heißt es dann.[65]

Nachdem die Amerikaner den Nazischatz in olivgrüne Armeedecken gehüllt und auf ihren geländegängigen Jeeps verladen hatten, kehrten sie mit ihrer wertvollen Beute ins Tal zurück. Doch „dann stellte sich etwa Merkwürdiges heraus. Es fehlten unten in Einsiedl 305.000 Dollar. Immer wieder wurde verglichen – mit den Notizen, der genauen Bestandsaufnahme, die der Jäger damals beim Vergraben des Schatzes gemacht hatte – und dem jetzigen Bestand. Wo waren sie geblieben?"[66]

Vom Walchensee wurde der Reichsbankschatz dann unter dem Kommando des amerikanischen Colonel Bernard Bernstein vom Obersten Hauptquartier der Alliierten Streitkräfte zum US-Hauptquartier nach Garmisch-Partenkirchen transportiert, wo sich seine Goldspur schon sehr rasch verlor. Nach Aussage des Freiherrn von Godin fand unmittelbar nach der Bergung des Walchenseer Reichsbankschatzes eine „Abschlusskonferenz" zwischen hohen amerikanischen, britischen und französischen Offizieren in Garmisch-Partenkirchen statt. „Über das Ergebnis der Beratung wird Stillschweigen bewahrt", schreibt Richardi. „Tatsache ist, dass die deutschen Behörden über den weiteren Verbleib des Goldtransports nicht unterrichtet werden."[67]

Im Juli 1950 stellte der Ministerialrat Fritz Baer in der Bayerischen Staatskanzlei in einer Aktennotiz frustriert fest: „Nachdem die amerikanische Besatzungsmacht sämtliche Bestände an sich genommen hat, dürfte eine Weiterverfolgung der Angelegenheit weder angezeigt erscheinen noch Erfolg versprechen." Dann schloss die Bayerische Staatsregierung die Akten, die später in den Magazinen des Bayerischen Hauptstaatsarchivs in München verstaubten.

So ist der Steinriegl am Walchensee bis auf den heutigen Tag mit einem Geheimnis verbunden. Noch 1955 sah Henriette von Schirach auf dem Berg die „mit Waldorchideen, Knabenkraut und wilder Minze zugewachsenen" mannstiefen Löcher, die an den rätselhaften Reichsbankschatz erinnerten. Jahrzehnte später waren auch die allerletzten Spuren rund um den Walchensee weitgehend verwischt, sodass eine exakte Ortsbestimmung nicht mehr möglich ist.

Davon konnte sich der Autor im Herbst 1992 überzeugen, als er die Gegend mit dem ehemaligen Oberfeldintendanten der „Alpenfestung" genauer unter die Lupe genommen hatte, nachdem Bernklau die Walchenseefahrt mit wetterfester Bekleidung höchstpersönlich vorgeschlagen hatte, als er schrieb: „Für diesen Fall könnte ich wochentags am geeigneten Treffpunkt Kochel-Bahnhof um 10.05 Uhr oder 12.06 Uhr eintreffen. Dies alles", so der geheimnisvolle Wortlaut, „nur als vorauseilende Überlegung, wenn Gesamtlage überschaubar und Wetter gut."[68]

Wenn diese Exkursion nach langem Abstimmen auch keine Goldbarren oder andere Schätze mehr zutage brachte, so war sie dennoch alles andere als vergeblich. Denn angesichts des abgelegenen Forsthauses von Einsiedl geriet der spätere Ministerialrat im Bonner Bundesministerium der Verteidigung in einen wahren Redeschwall. Es war, als wollte er sich ein jahrzehntelang in seinem Innersten aufbewahrtes Wissen, das ihn zuweilen zu belasten schien, von der Seele reden. Das erlebt man vielfach bei den alten Kriegsveteranen. Auch Oberst Franz Pfeiffer, den ich mehrmals in seinem noblen Münchner Heim aufsuchte, machte im fortgeschrittenen Alter diesbezüglich keine Ausnahme.

Nachdem Rauch und Pfeiffer das Gold im Steinriegl und das Geld im Klausenkopf vergraben hatten, schlichen sie mit umgehängten Gewehren und Zielfernrohren wie einst die Geheimkommandos der „Brandenburger" durch die Jachenau, bevor sie untertauchten, denn dem Ritterkreuzträger war klar, dass die Amerikaner längst nach ihm suchten.

„Als Gebirgsjäger in dieser Gegend beheimatet, kannte Franz Pfeiffer jeden Weg und Steig. Es fiel ihm nicht schwer, sich in eines der unzugänglichen Gebirgstäler zurückzuziehen, in denen zahlreiche Forst- und Jagdhütten Schutz und Unterkunft boten," schrieb der Schatzsucher Ostler. „Als Offizier kannte Pfeiffer die straffen Strukturen einer Armee und die damit verbundenen Möglichkeiten, Informationen zu erhalten und seien diese noch so vertraulich. Ebenso klar war ihm, dass die Amerikaner alles daran setzen würden, um an das Gold und das Geld heranzukommen. Was die Verschwiegenheit der Reichsbankleute betraf, machte er sich keine Illusionen. Sie alle waren mehr oder weniger Beamte und würden massiven Verhören nicht standhalten. Pfeiffer wusste, dass es mit jedem Tag, den er in den Wäldern zubrachte, für ihn gefährlicher wurde. Die Amerikaner sandten ständig Spürtrupps los, die versprengte Landser, flüchtige SS-Schergen und Parteibonzen aufspüren sollten. Außerdem gab es auch hier in dieser Region Werwolf-Gruppen, deren terroristische Aktivitäten die Amerikaner besonders fürchteten und deshalb unerbittlich Jagd auf alles machten, was sich im Verborgenen herumtrieb. Für sie war jeder, der sich im Wald versteckte, erst einmal Partisan. Pfeiffer beschloss deshalb, den Versuch zu wagen, sich dorthin durchzuschlagen, wo man ihn am allerwenigsten vermuten würde: direkt in die Höhle des Löwen."[69]

Plötzlich sah man Pfeiffer und Rauch mit eiligen Schritten durch Garmisch-Partenkirchen hasten und dann in der sogenannten Blücher-Villa verschwinden. Dort lebten zwei Nachfahren des preußischen Feldherrn, welcher Napoleon I. im Jahr 1815 bei Waterloo besiegt hatte. Nach den Recherchen der beiden britischen Autoren Sayer und Botting diskutierte man anfangs darüber, ob mit dem Reichsbankschatz ein unabhängiger Freistaat Bayern, das war eine von Rauchs Lieblingsideen, gegründet werden könnte. Schließlich, so berichten die Autoren, holten Pfeiffer und Rauch in einer Nacht- und Nebelaktion nach Art der „Brandenburger" mit Rucksäcken etliche Devisenbestände von den Verstecken ins Tal. In der Blücher-Villa versteckten sie dann das Geld zunächst in Kochtöpfen, Krügen, Kannen und Weckgläsern. Schließlich sollen sie es dann in den Gemüsebeeten hinter dem Haus und im Heuschober des ehemaligen deutschen Offiziers Klaus Bremme, der in der Nähe der Ortschaft Oberau im Loisachtal lebte, vergraben haben. [70]

Als Pfeiffer und Rauch die Situation jedoch zu brenzlig wurde stellten sie sich den Amerikaner. „Kurz darauf rasselte ein US-Panzer in den Vorgarten der Blücher-Villa. Ihm folgte ein Jeep, aus dem Hauptmann Frederick Siegfried Neumann, der Übersetzer des US-Generals Platton, entstieg. Er war deutscher Jude von Geburt und amerikanischer Bürger durch Adoption."[71]

Nach dem Bericht der britischen Autoren mussten die Gebrüder Blücher das versteckte Geld wieder ausgraben. Dann übergaben sie Neumann Devisen im Wert von 404.000 Dollar. „Rauch schickten die Amerikaner mit einem Auto allein in die Berge. Er brachte ihnen dreiundzwanzig Säcke mit Geld. Das war den Amerikanern zu wenig. Sie schickten den Deutschen noch einmal, diesmal begleitet von einem Zug Soldaten, los. Von dieser Mission wurden neunundvierzig Geldsäcke und sechs Kisten mit Devisen ausgegraben."[72]

Nach Angaben der beiden Autoren Sayer und Botting fehlten aber siebzehn Geldsäcke, die einen Wert von 1,25 Millionen Dollar repräsentierten. Sie deuteten in ihrem Buch „Nazi Gold" an, dass Rauch dieses Geld beiseite geschafft haben könnte. Denn nach seiner Freilassung durch die Amerikaner setzte sich der SS-Standartenführer 1948 nach Argentinien ab, wo er sich an einem metallurgischen Unternehmen beteiligte und zwischen 100.000 und 150.000 Dollar als Kapital der Gesellschaft beisteuerte. Später übersiedelte er in die steirische Landeshauptstadt. Als die beiden Briten in Graz völlig überraschend anriefen, antwortete er entsetzt: „Wie haben Sie nur meine Telefonnummer herausgekriegt? – Ich weiß nichts über dieses Thema. Ich habe nur einen Wunsch: Lassen Sie mich in Ruhe."[73]

Und Franz Pfeiffer? Der Oberst lehnte ebenfalls jahrzehntelang hartnäckig jede Stellungnahme zum Verbleib des Reichsbankschatzes vom Walchensee ab. Das hatte einen guten Grund. Denn er setzte sich nach dem Zweiten Weltkrieg ebenfalls ganz gezielt über die sogenannte „Klosterroute“ und „Rattenlinie“ nach Argentinien ab, wo er dann aufgrund seines finanziellen Wohlstandes ein fürstliches Leben führte. Wie das möglich war, das erfahren wir abschließend im nächsten Kapitel.

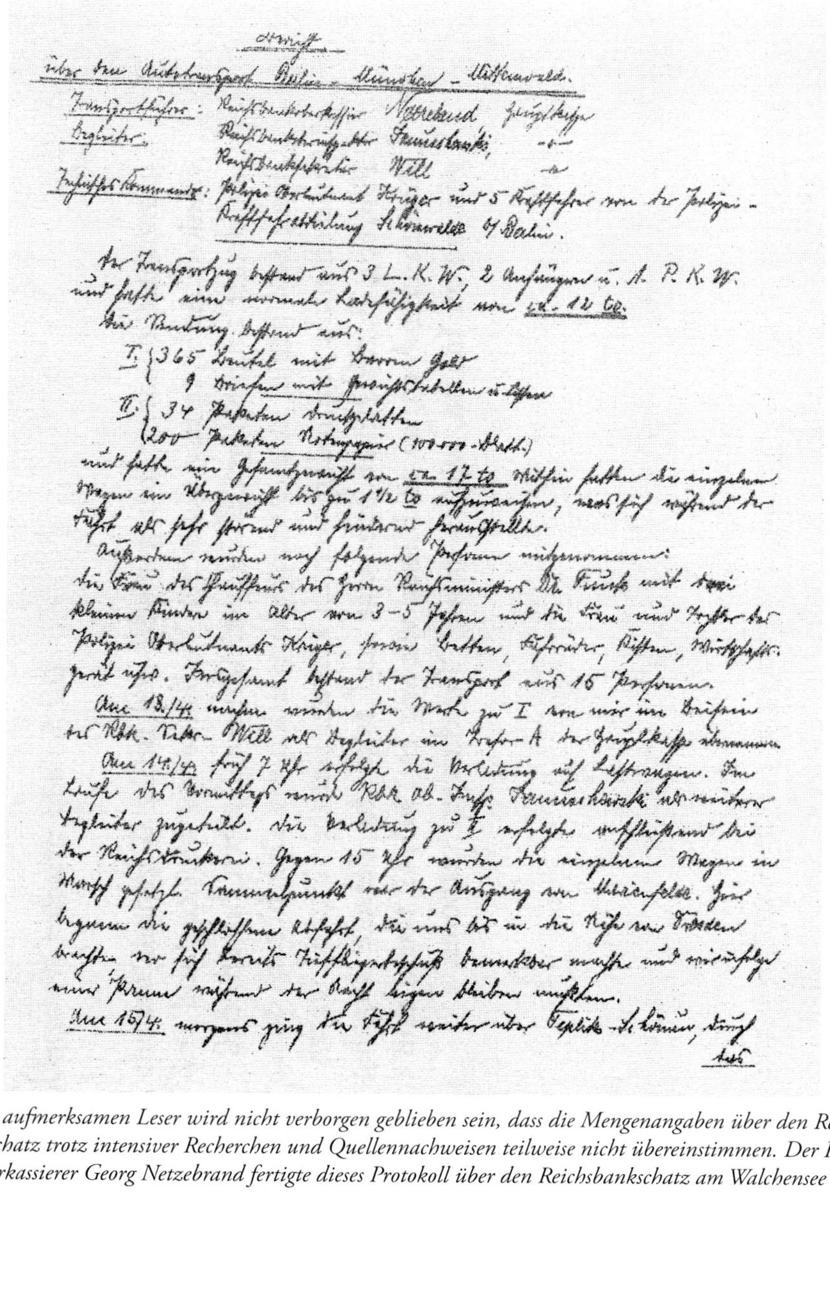

Abschrift

über den Autotransport Berlin – München – Mittenwald.

Transportführer: Reichsbankoberkassierer Netzebrand Hauptkasse
Begleiter: Reichsbankhauptkassierer [illegible] –"–
Reichsbankkassierer Will –"–
Schutzkommando: Polizei Oberleutnant Krüger und 5 Kraftfahrer von der Polizei-Kraftfahrabteilung Schöneweide b/Berlin.

Der Transportzug bestand aus 3 L.K.W., 2 Anhänger u. 1 P.K.W. und hatte eine normale Ladefähigkeit von ca. 12 to.
Die Beladung bestand aus:
I. { 365 Beutel mit barrem Gold
9 Kisten mit [illegible]
II. { 34 Paketen Druckplatten
200 Paketen Notenpapier (100.000 Blatt)
und hatte ein Gesamtgewicht von ca. 17 to. Mithin hatten die einzelnen Wagen ein Übergewicht bis zu 1½ to aufzuweisen, was sich während der Fahrt als sehr störend und hindernd herausstellte.
Außerdem wurden noch folgende Personen mitgenommen: die Frau des Chauffeurs des Herrn Reichsministers Dr. Funk mit zwei kleinen Kindern im Alter von 3–5 Jahren und die Frau und Tochter des Polizei Oberleutnants Krüger, ferner Betten, Fahrräder, Kisten, Wirtschaftsgerät usw. Insgesamt bestand der Transport aus 15 Personen.
Am 13/4. [illegible] wurde die [illegible] zu I von mir im Beisein des Rbk.-Kssr. Will als Begleiter im Tresor A der Hauptkasse [illegible]
Am 14/4. früh 7 Uhr erfolgte die Beladung auf Lastwagen. Im Laufe des Vormittags wurde Rbk. Ob.-Kass. [illegible] als weiterer Begleiter zugeteilt. Die Beladung zu II erfolgte anschließend bei der Reichsdruckerei. Gegen 15 Uhr wurden die einzelnen Wagen in Marsch gesetzt. Sammelpunkt war der Ausgang von Marienfelde. Hier begann die geschlossene Abfahrt, die uns bis in die Nähe von Dresden brachte, wo sich bereits Fliegertätigkeit bemerkbar machte und wir infolge einer Panne während der Nacht liegen bleiben mußten.
Am 15/4. morgens ging die Fahrt weiter über Teplitz-Schönau, durch
[illegible]

Dem aufmerksamen Leser wird nicht verborgen geblieben sein, dass die Mengenangaben über den Reichsbankschatz trotz intensiver Recherchen und Quellennachweisen teilweise nicht übereinstimmen. Der Reichsoberkassierer Georg Netzebrand fertigte dieses Protokoll über den Reichsbankschatz am Walchensee an.

Oberst Franz Pfeiffer, als Chef der 15. Kompanie des Gebirgsjägerregiments 100 mit seinem Ritterkreuz vom 13. Juni 1941 und dem Deutschen Kreuz in Gold.

Ausmarsch einer Kompanie Gebirgsjäger aus der Mittenwalder Gebirgsjägerschule.

Der Oberfeldwebel Hans Wriedt verteilt die begehrten Autogramme an Jungen der Hitlerjugend. Er erhielt das Ritterkreuz am 25. Oktober 1943 als Zugführer in der 13. Kompanie des Gebirgsjägerregiments 138.

Die Terrasse des Mittenwalder Offizierskasinos, wo der Goldschatz vom Walchensee zwischengelagert wurde.

Während seines Genesungsurlaubs gibt der Oberjäger Franz Doff der Hitlerjugend Unterricht im Kompasslesen. Er erhielt das Ritterkreuz am 20. Juli 1942 bei der 10. Kompanie des Gebirgsjägerregiments 98.

Ein Skikurs trainiert im Hochgebirge.

Generalfeldmarschall Albert Kesselring leitete zunächst als Oberbefehlshaber West die Rückzugsbewegungen der deutschen Verbände in die „Alpenfestung".

Ausschnitt des Titelblattes einer US-Propagandazeitschrift zur moralischen Unterstützung der US-Truppen auf ihrem Vormarsch zur „Alpenfestung".

Jungen der Hitlerjugend bei der Ausbildung im Bergsteigen durch erfahrene Gebirgsjäger.

Panzer der US-Armee werden mit Pionierfähren über einen Fluss überführt.

Der Amerikanische Oberbefehlshaber Eisenhower hat Berlin den Russen überlassen und seine Streitmacht der „Alpenfestung" zugewandt, deren Eroberung er skeptisch gegenüber steht.

Die zerstörte Eisenbahnbrücke bei Seefeld in Tirol, welche im Rahmen der alliierten Operation „Clarion" bei den letzten Luftangriffen der Angloamerikaner im April 1945 bombardiert wurde.

Oberst Ludwig Hörl erhielt das Ritterkreuz als Kommandeur des Gebirgsjägerregiments 91 am 6. April 1944.

Major Michael Pössinger erhielt das Ritterkreuz am 19. Juli 1940 als Leutnant im Gebirgsjägerregiment 98 und das Eichenlaub am 28. Februar 1945 als Kommandeur des I. Bataillons Grenadierregiment 1123.

Besprechung über Verteidigungsmaßnahmen im Raum Scharnitz – Mittenwald im Frühjahr 1945.

Hauptmann Arthur Ziegler gehörte zu Pfeiffers Stammpersonal in Mittenwald. Das Ritterkreuz erhielt er am 23. August 1944 als Adjutant beim Grenadierregiment 974.

Oberfeldintendant Dr. Wolfgang Bernklau war nach eigenen Angaben für die „Bevorratung der Alpenfestung mit Verpflegung" verantwortlich.

Murnau am Nordrand der „Alpenfestung" war das Bindeglied zwischen München und Salzburg. Hier stellte der Oberfeldintendant Dr. Bernklau drei Lkw für den Weitertransport des Reichsbankschatzes zum Walchensee bereit.

Die Kesselbergstraße mit dem Walchensee und dem Herzogstand am rechten Bildrand.

Schatzsucher des 55th Armored Engineer Bataillons auf dem Steinriegl oberhalb des Walchensees.

Der Karettenweg auf den Steinriegl.

Im Herbst 1992 führte Dr. Bernklau den Autor anlässlich einer sogenannten „Goldbarrenfahrt" zum Forsthaus Einsiedl am Walchensee. Von hier trugen Mittenwalder Muli die Goldbarren und Devisensäcke auf den nahen Steinriegl.

Das Waldgebiet auf dem Steinriegl, wo der Reichsbankschatz bei Kriegsende vergraben wurde.

Der Autor Roland Kaltenegger (rechts im Bild) im Gespräch mit dem ihm gegenüber sitzenden Ritterkreuzträger Friedrich Hengstler.

Die

ORDENSGEMEINSCHAFT DER RITTERKREUZTRÄGER

Sektion Oberbayern - München

gibt sich die Ehre

Herrn Dipl. Bibliothekar R. Kaltenegger

am Freitag, den 27. Oktober 1989 um 18 Uhr in das Offiziersheim der Pionierschule und Fachhochschule des Heeres füt Bautechnik in München 81, Cosimastraße 60, einzuladen.

Nach dem Empfang wird der Präsident der Wehrbereichsverwaltung VI, Herr Fritz Fumi den Festvortrag halten.

Hans Pongratz
Sektionsleiter

Empfang 18 - 19 Uhr, Anzug: Uniform, dunkler Anzug · Parkmöglichkeiten vor dem Casino
Zusagen oder Absagen bis spätestens 16. Oktober 1989 auf beiliegender Karte erbeten.

Einladung zu einem Treffen der Ordensgemeinschaft der Ritterkreuzträger an den Autor, an welchem unter anderem die langjährigen und gut befreundeten ehemaligen Gebirgssoldaten Oberst Franz Pfeiffer und Dr. Bernklau teilnahmen.

Der Ritterkreuzträger Franz Pfeiffer beim Treffen der Ordensgemeinschaft am 27. Oktober 1989.

Das Ritterkreuz in seiner ab 1957 erlaubten Ausführung als Symbol der Ordensgemeinschaft der Ritterkreuzträger.

Oberst Franz Pfeiffer (links im Bild) mit dem Sektionsleiter Hans Pongratz am 27. Oktober 1989.

Die Traditionstafel der „Brandenburger" auf dem großen Gedenkstein im sogenannten Schlosspark von Ruhpolding.

Über die „Rattenlinie“ nach Argentinien

Oberst Franz Pfeiffer kehrte zunächst im Sommer 1945 in seine Wohnung in Bad Reichenhall zurück. Die „Amerikaner und Franzosen wandten sich an mich, die Aufgabe zu übernehmen, die noch in großer Zahl im Gebirge befindlichen versprengten Soldaten zur Aufgabe ihres Verhaltens zu bewegen.“[74] Der Ritterkreuzträger musste über dermaßen viel Geld- oder Goldreserven verfügt haben, dass er zur Bedingung machte: „Keine Bezahlung für mich und meine Offiziere, die ich dafür einsetzten musste, aber Unterstützung durch Kraftwagen und Lebensmittelkarten; für alle ohne Unterschied sofortige Entlassung in die Heimat ohne Lager.“[75]

Diese bindende Zusage wurde aber nach Pfeiffers Angaben „kurz darauf von den Amerikanern gebrochen, ohne dass allerdings ein Nachteil für die Betreffenden eintrat, die noch gewarnt werden konnten. Die Folge dieses Wortbruchs war eine scharfe Auseinandersetzung mit den Amerikanern und mein Absetzen nach Tirol wegen der Gefahr, dafür eingesperrt zu werden.“[76]

Das Oberkommando der französischen Besatzungszone in Österreich gewährte dem deutschen Oberst hingegen das begehrte Asyl. Generaloberst Marie Émile Antoine Béthouart erfüllte das Abkommen ohne Einschränkung. „Auf diese Art und Weise“, so Pfeiffer, „konnte im Laufe der Zeit ein an sich sehr gefährliches Unternehmen erfolgreich abgewickelt werden und die Gefahr, dass die im Gebirge Befindlichen von Marokkanern gejagt würden, wie angedroht war [...] konnte gebannt werden. Insgesamt wurden so rund 6.000 Mann unverzüglich in die Heimat entlassen.“[77]

Wie es dazu gekommen ist, schildert der französische General in seinem Buch „La bataille pour l'Autriche“, von dem er im Jahre 1966 dem Oberst Pfeiffer ein Exemplar mit einer handschriftlichen Widmung übereignete.

„Zu diesem Zeitpunkt“, so der französische General, „nahmen einige Offiziere meines Stabes Kontakt auf mit dem ehemaligen Kommandeur der deutschen Gebirgsschule von Mittenwald in Bayern, an der Grenze zu Tirol, dem Oberst Pfeiffer, und die Idee kam, ihn selbst an der Erledigung dieser Situation zu beteiligen. Seine Schule war am Tag der Kapitulation Deutschlands aufgelöst worden, aber er wusste, dass er sich auf einige Offiziere und Unteroffiziere, die entlassen worden waren, verlassen konnte. Er kannte die Umgebung außerordentlich gut und es war ihm eher als irgendeinem anderen ein Leichtes, Kontakt mit den Versprengten aufzunehmen und ihnen Weisungen zu überbringen. [...]

Gruppen von zwei bis drei deutschen oder österreichischen Offizieren brachen nach Tirol und Vorarlberg auf, ausgewählt unter denen, die gut die Gegend kannten und dort Beziehungen hatten. Sie sollten nach und nach in aufeinanderfolgenden Zonen mit den Flüchtlingen in Kontakt treten. Dies gelang ihnen im Allgemeinen

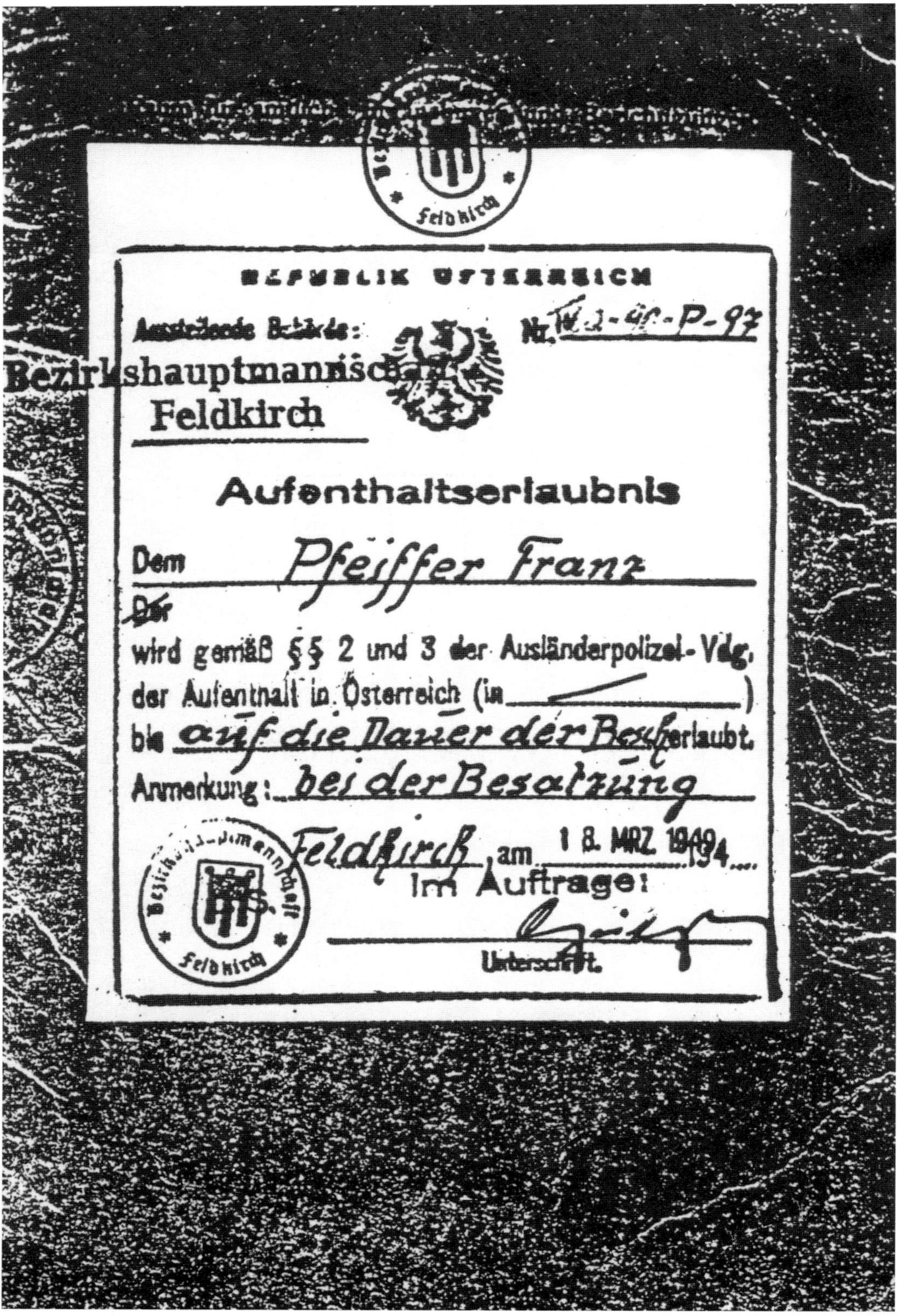

REPUBLIK ÖSTERREICH

Ausstellende Behörde: Nr. IV-2-46-P-97

Bezirkshauptmannschaft
Feldkirch

Aufenthaltserlaubnis

Dem Pfeiffer Franz

wird gemäß §§ 2 und 3 der Ausländerpolizei-Vdg. der Aufenthalt in Österreich (in —) bis auf die Dauer der Besatzung erlaubt.

Anmerkung: bei der Besatzung

Feldkirch am 18. MRZ. 1946

Im Auftrage:

Unterschrift.

Österreichische Aufenthaltserlaubnis Franz Pfeiffers, um im Auftrag der Amerikaner und Franzosen die ins Gebirge geflohenen deutschen Soldaten dazu zu bewegen sich den Besatzungsmächten zu stellen.

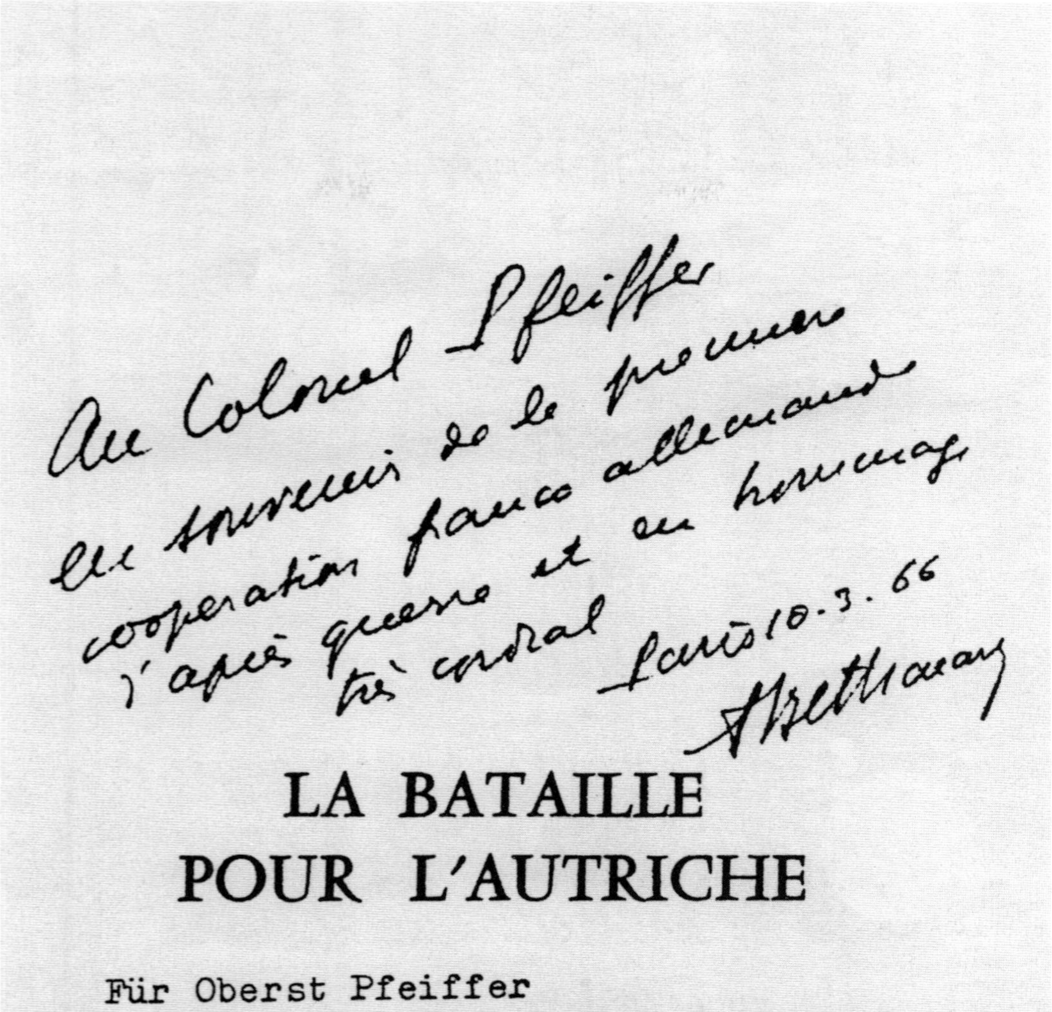

Au Colonel Pfeiffer
en souvenir de la première
coopération franco allemande
d'après guerre et en hommage
très cordial
Paris 10.3.66
A Béthouart

LA BATAILLE POUR L'AUTRICHE

Für Oberst Pfeiffer
zur Erinnerung an die erste Französisch -
deutsche Zusammenarbeit nach dem Kriege
und in Verehrung
sehr herzlich Paris 10.3.66
A. Béthouart

Widmung des französischen Generals Marie Émile Antoine Béthouart in seinem Buch „La Bataille pour l'Autriche" für Franz Pfeiffer.

auch mit Hilfe der Bewohner der Ortschaften oder der Häuser der nächsten Verwandten. Selbstverständlich nahmen sich die Interessierten in Acht und hatten Angst, in eine Falle gelockt zu werden. Aber Mann für Mann, überdrüssig ihrer aussichtslosen Lage, ließen sie sich überreden, da sie letzten Endes nichts zu befürchten hatten, wenn sie keinerlei politische oder kriminelle Verantwortung auf sich geladen hatten.

Es wurden danach Abrüstungskommissionen, die immer einen französischen Militärarzt enthielten, an verschiedenen Punkten oder Ortschaften gebildet, wo Versprengte zusammengerufen, einzeln untersucht, entwaffnet und mit den nötigen Dingen ausgestattet wurden, um nach Hause zurückzukehren mit Ausnahme der Verdächtigen, die unseren Sicherheitsdiensten zuzuführen waren. [...]

Zwischen der Mannschaft des Oberst Pfeiffer und meinen Offizieren hatte sich ein Klima der Herzlichkeit und des Vertrauens entwickelt, welches erlaubt hat, dieses Ergebnis zu erlangen und auch für die Zukunft alles Gute versprach. Dies war eine der ersten Operationen, die gemeinsam von französischen, österreichischen und deutschen Soldaten durchgeführt wurde. Jedoch hatte sich eine vollkommen andere Gemeinschaft in anderen Regionen entwickelt."[78]

Im Winter 1946/47 ging Pfeiffer auf Ersuchen der französischen Armee für drei Monate nach Chamonix an die französische Hochgebirgsschule – Ecole Militaire de Haut Montagne –, um dort den französischen Alpenjägern Erfahrungen und Führungsgrundsätze der deutschen Gebirgstruppe im Zweiten Weltkrieg zu vermitteln.

„Ausdrücklich ist dabei hervorzuheben, dass ich freiwillig ging und die mir angebotene Bezahlung ablehnte."[79] Es war das zweite Mal, dass der „Goldbarren-Oberst" unentgeltlich über Monate hinweg in fremden Diensten stand. Woher bezog er die Einkünfte um seinen Lebensunterhalt – und den seiner Familie – zu bestreiten? Für nicht wenige alte Kameraden führt die Suche nach der Geldquelle vor allem zum Walchensee.

„Abschließend zu diesem Thema und dieser Zeit stelle ich fest", so der Ritterkreuzträger höchstpersönlich, „ dass ich zu keiner Zeit in französischen Diensten war und niemals eine Bezahlung erhielt. Meine gesamte Tätigkeit in dieser Richtung war freiwillig."[80]

Zur gleichen Zeit bereitete der clevere Oberst seit 1946/47 seine Auswanderung nach Argentinien vor, die er dann im Herbst 1950 via Schweiz in die Tat umsetzte. Die entscheidende Begründung in seiner Vita waren in „Argentinien wohnhafte Bekannte, [...] die mir ihre sämtlichen Beziehungen zur Verfügung stellten."[81] Dort erhielt „Francisco Pfeiffer", wie seine Anschrift lautete, unmittelbar nach seiner Ankunft einen Brief des Generalobersten Heinz Guderian mit der Bitte: „[...] grüßen Sie die alten Kameraden dort drüben [...]"[82] Ferner bekam er umgehend einen argentinischen Fremdenpass. Der war Gold wert, denn „die Auswanderung aus Deutschland nach Lateinamerika war in der Nachkriegszeit nicht nur durch alliierte Bestimmungen erschwert, auch viele lateinamerikanische Staaten hatten Vorschriften erlassen, die die Einwanderung von Deutschen behinderten. [...] Den amerikanischen Staaten war empfohlen worden, Kriegsverbrechern keine Zuflucht zu gewähren und Personen, die [wegen] Kriegsverbrechen angeklagt waren, an die Alliierten auszuliefern. [...]

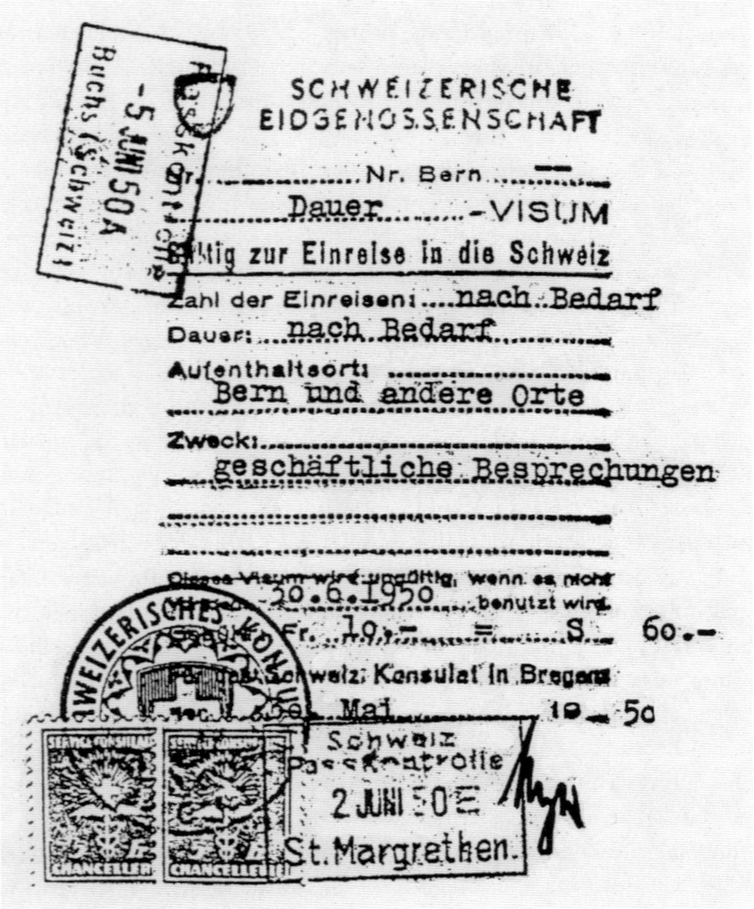
SCHWEIZERISCHE EIDGENOSSENSCHAFT

Nr. .... Nr. Bern ....—....

........Dauer........-VISUM

gültig zur Einreise in die Schweiz

Zahl der Einreisen: ....nach..Bedarf

Dauer: ...nach..Bedarf.........

Aufenthaltsort: .... Bern und andere Orte

Zweck: .... geschäftliche Besprechungen

Dieses Visum wird ungültig, wenn es nicht ...30.6.1950... benutzt wird.

Fr. ..10.-.. = ...S.. 60.-

Schweiz. Konsulat in Bregenz

.... Mai .... 19..50

Grenzkontrolle -5 JUNI 50 A Buchs (Schweiz)

Schweiz Passkontrolle 2 JUNI 50 E St. Margrethen.

Dokument, welches Franz Pfeiffer gestattete, in die Schweiz einzureisen, bevor er sich nach Argentinien absetzte.

Im Widerspruch zu ihren interamerikanischen Verpflichtungen aber waren die Regierungen der lateinamerikanischen Staaten aus vielfältigen Motiven gleichzeitig an deutschen Einwanderern interessiert.“[83]

Das galt vor allem für Argentinien. Ein besonderes Interesse an den Deutschen zeigte dort kein geringerer als der charismatische Juan Domingo Péron. Seine Deutschfreundlichkeit hatte einen tiefen, weitgehend unbekannten Grund. Die Berliner Kriegsakademie bildete Hauptleute, die die „Wehrkreisprüfung" bestanden hatten, für den Generalstabsdienst aus. Ausländer konnten zugelassen werden; wie zum Beispiel der argentinische Offizier und spätere Kriegsminister und Präsident Péron. Seine glänzende militärische Laufbahn ist seit seinem Eintritt in die Militärakademie 1913 ebenso dokumentiert wie seine Intelligenz, seine Vorliebe für das Fechten und hübsche jugendliche Frauen. Berühmt waren sein unbestreitbares Organisationstalent, seine Fähigkeit Freunde zu gewinnen, zu behalten und – wenn es ihm von Vorteil erschien – auch auszunutzen. Gefürchtet war seine Gabe, Feinde zu demütigen, sie mit der Waffe des Spotts zu schädigen und notfalls brutal zu vernichten.

Der letzte Kommandeur der Kriegsakademie war bis 1945 der Generalleutnant z. V. (zur Verfügung) Günther Niedenführ. Danach kurzzeitig in München ansässig, lernte der ehemalige Luftattaché in Rio de Janeiro (1. Juli 1940 bis 1. Juni 1942) unter anderem auch Oberst Franz Pfeiffer kennen. Mit ihm gelangte er über das geheimnisvolle Dreiländereck Vorarlberg – Lindau am Bodensee – Schweiz und die sogenannte „Klosterroute" und „Rattenlinie" nach Argentinien, wo er zeitweilig bei seinem Kriegsschüler Péron Zuflucht fand. Dort blieb Pfeiffer rund fünfzehn Jahre, die jedoch alle zwei Jahre von kostspieligen Europaaufenthalten unterbrochen wurden.

„Pérons eigene politische Vorstellungen waren von seinem Werdegang in der argentinischen Armee und in seinen in Europa gewonnenen Erfahrungen geprägt. Wie viele Offiziere der argentinischen Streitkräfte hing er der nationalistischen Idee an",[84] konstatierte der Historiker Mathias Schönwald. Er „ist in vielen journalistischen und auch wissenschaftlichen Veröffentlichungen als ‚Nazifreund' beschrieben worden, der in Zusammenarbeit mit nach Argentinien geflohenen Nationalsozialisten ein Abbild des Hitlerregimes in Argentinien zu errichten trachtete."[85] Seine Deutschfreundlichkeit „war im argentinischen Heer in den vierziger Jahren weit verbreitet und beruhte auf den positiven Erfahrungen mit den deutschen Ausbildern und Lehrinhalten in der ‚Escuela Superior de Guerra', der argentinischen Kriegsakademie."[86] Aber auch auf denen der deutschen Kriegsakademie!

Mit südamerikanischer, insbesondere jedoch mit argentinischer Hilfe glückte zahlreichen Kriegsverbrechern und Kriegsgewinnern die Flucht aus der „Alpenfestung" in das rettende Ausland. „Ihnen kommt zugute, was bereits am 10. August 1944 auf einer Sitzung von führenden Vertretern der deutschen Rüstungsindustrie im Hotel ‚Maison Rouge' in Straßburg besprochen worden ist."[87] Damals beschloss man, „einen Teil des Vermögens des Dritten Reiches ins Ausland zu schaffen, um es", wie Simon Wiesenthal berichtet, „nicht in alliierte Hände fallen zu lassen." Dieser raffinierte Plan wurde sogleich in die Tat umgesetzt, sodass amerikanische Fahnder nach Kriegsende siebenhundertfünfzig Firmen in zahlreichen Ländern, insbesondere aber in der Schweiz, in Spanien, Portugal und der Türkei sowie in Argentinien und in vielen kleineren mittelamerikanischen Staaten registrierten. Nach Wiesenthals Ausführungen liegt die „Vermutung nahe", dass sie über einheimische Strohmänner „mit Hilfe des deutschen Fluchtkapitals gegründet oder aufgekauft worden waren."[88]

Diese Länder waren nun das Ziel jener Nationalsozialisten, Geld-, Gold- oder Waffenschieber, denen der Boden in der eroberten „Alpenfestung" oder an anderen Orten, wo sie während der letzten Kriegstage untergetaucht waren, zu heiß wurde. Sie flüchteten über die Alpen auf der bereits genannten „Rattenlinie", wie die Amerikaner die heimlichen, von der Katholischen Kirche organisierten, Fluchtwege nannten, via Schweiz sowie Südtirol und Italien nach Spanien, Lateinamerika oder in den Nahen Osten. „Priester und Bischöfe in Italien versteckten die Flüchtlinge und verhalfen ihnen, mit geistlichem Segen und Pässen vom Internationalen Roten Kreuz versehen, zu einer neuen Identität."[89]

Angesichts der großen Geldmengen und einiger Goldbarren, die Pfeiffer über die „Rattenlinie" nach Argentinien gebracht hatte, verstärkten sich die schizophrenen Schübe seiner Frau Hanny rapide. Auf einem seiner zahlreichen Europaflüge in den fünfziger Jahren des 20. Jahrhunderts nahm er sie daher wieder mit nach Deutschland. Zunächst wurde sie in München, später in Traunstein in ein Pflegeheim eingewiesen, das sie nicht mehr verlassen sollte. Unter den seltenen Besuchern befand sich unter anderem auch Bernklaus Frau.

Da die Ehe kinderlos geblieben war, adoptierte der „Goldbarren-Oberst" 1954 kurzerhand seine beiden unehelichen Söhne Dieter, geboren am 20. Februar 1941, und Siegfried Franz Johannes, geboren am 18. März 1944, die aus seiner Beziehung mit der Ingenieursgattin Johanna Katharina Glöckentöger hervorgegangen waren. Einen Adoptivsohn ließ er sinnigerweise als Goldschmied ausbilden. Als Startkapital hatte er, wie Pfeiffers verwirrte Frau nach Bernklaus Aussage unachtsam verlauten ließ, zunächst Goldbarren umzuschmelzen und dann zu verarbeiten.

Pfeiffer musste dermaßen viel Geld und Gold nach Argentinien mitgenommen haben, dass es ihm dort finanziell nicht schwer gefallen ist eine ansehnliche Rinderherde zu erwerben und den Beruf eines Kaufmannes auszuüben. Denn, so berichteten Insider, für eine Geld- und Goldwäscherei benötigte man einen nicht anstößigen Beruf. „ Diese Tätigkeit", so der Ritterkreuzträger, „konnte ich im Laufe der Jahre trotz erheblicher Schwierigkeiten aller Art ausbauen, die in der Gründung einer eigenen Handelsfirma gipfelte,"[90] um in das gewinnträchtigen Fleischgeschäft einzusteigen; denn „die Briten verpflichteten sich, Argentinien bei den Fleischkäufen den gleichen Status wie den Dominions einzuräumen."[91]

Für seine Fleischexporte von Argentinien nach Deutschland und Großbritannien benötigte Franz Pfeiffer jedoch eine Unbedenklichkeitsbescheinigung. Diese stellte ihm unter anderem ein ehemaliger Kamerad aus den Reihen der Stammdivision der deutschen Gebirgstruppe aus. Sein Name: Dr. vet. Reinhold Klebe, der als hochnäsig und arrogant verschrien war. Währen des Zweiten Weltkrieges war der Major unter anderem wie der Ritterkreuzträger auf dem Balkan eingesetzt und darüber hinaus an verbrecherischen Kampfhandlungen auf der griechischen Insel Kefalonia im Herbst 1943 beteiligt.[92] Nach dem Krieg und dem entsprechenden Studium als Tierarzt zog es auch Klebe nach Argentinien, bevor er 1956 wieder Soldat in der neu aufgestellten 1. Gebirgsdivision der Bundeswehr wurde.

Die „Alten Kameraden“ und Seilschaften überstanden alle Sturmfluten des Lebens und hielten – wo es besonders angebracht war – die Treue. Daher war Pfeiffers enger Vertrauter Dr. Bernklau bis an sein Lebensende stets über den Gesundheitszustand des Ritterkreuzträgers bestens informiert, sodass er dem Autor 1994 unter anderem mitteilte: „Seit dem Sommer war er [Pfeiffer] zum Pflegefall geworden, körperlich verfallen, im Geist verwirrt und seitdem nicht mehr ansprechbar.“[93]

Als Oberst Franz Pfeiffer am 20. November 1994 im Alter von siebenundachtzig Jahren starb, beauftragte seine geistig umnachtete Witwe die Familie Bernklau, die komfortable Nymphenburger Eigentumswohnung „auszuräumen“, denn so Bernklaus

Sterbebild Franz Wilhelm Pfeiffers, welches von seinem engen Vertrautem Dr. Bernklau entworfen wurde.

Frau, sie „braucht und will nichts mehr davon. Über seine persönlichen Dinge – Militaria, Bücher – hat er selbst noch verfügt.“[94] Die äußerst enge Verbindung zwischen den Familien Bernklau und Pfeiffer kam auch darin zum Ausdruck, dass das Sterbebild für den verstorbenen „Goldbarren-Oberst“ nicht von seinen Angehörigen, sondern ausgerechnet von Dr. Bernklau höchstpersönlich entworfen wurde.

Doch damit nicht genug der engen Bande. Bernklaus Sohn Reiner Christoph Karl Joseph fungierte sogar als Testamentsvollstrecker des Ritterkreuzträgers. Dabei kam unter anderem folgendes ans Tagelicht. In einem notariellen Erbvertrag hatte der „Goldbarren-Oberst“ nach seiner Rückkehr aus Argentinien für den Fall seines Ablebens einige Tausend Deutsche Mark Geldspenden vermacht – und zwar neben der Großnichte seiner Ehefrau und zahlreichen Verwandten an den Bund gegen Missbrauch der Tiere, die Korean-Relief-Hilfsorganisation für koreanische Waisenkinder, den Hermann-Gmeiner-Fonds für Deutschland, SOS-Kinderdörfer sowie an das Hilfswerk Ritterkreuz e. V. Als Mitglied der Sektion Oberbayern-München war Pfeiffer ein geschätzter Kamerad der Ordensgemeinschaft der Ritterkreuzträger des Eisernen Kreuzes, deren Veranstaltungen er regelmäßig besuchte.

Von einer bis dato unbekannten Frau aus Südamerika, die gut Deutsch sprach, kam nach Pfeiffers Ableben ein Anruf, in dem sie als Unterstützung die nächsten fünftausend Mark forderte.[95] Die südamerikanische Señora entpuppte sich später als jene junge Jugoslawin Vera de Costra, die die Wachmannschaften des Goldschatzes vom Walchensee seinerzeit „regelmäßig mit Lebensmitteln und sicher auch noch mit etwas mehr versorgte. Dass bei diesen Gelegenheiten ein gewisses Vertrauensverhältnis [...] entstanden ist, darf als sicher gelten. Zwangsläufig dürften sich ihre Gespräche dabei auch um das Gold und die Schätze gedreht haben, was nichts anderes bedeutet, als dass Vera de Costra eine weitere Mitwisserin des Geheimnisses um den Schatz war.“[96]

Ihre „Rolle in dem Spiel um Gold und Reichtum ist ebenfalls etwas undurchsichtig“, konstatierte der deutsche Schatzsucher Reinhold Ostler. „So soll sie sich nach Aussage eines Chronisten die Emigration nach Argentinien mit Diamanten versüßt haben, die im Futter ihres Mantels eingenäht waren. Argentinien schien überhaupt einen besonderen Reiz auf die Beteiligten der ‚Goldkarawane‘ ausgeübt zu haben: Friedrich Josef Rauch zog es ebenso wie sein ehemaliger Kamerad Pfeiffer vor, in südamerikanische Firmen zu investieren. Der Spross jener Adelsfamilie in Garmisch, bei der sich Rauch und Pfeiffer versteckten, fand ebenfalls Gefallen an Argentinien. [...] Die Sehnsucht nach seinen Freunden trieb auch ihn nach Buenos Aires. Da selbst die billigste Pauschalreise nach Mallorca etwas Taschengeld erfordert, darf spekuliert werden, aus welcher Reisekasse alle diese Südamerikatouristen ihren Aufenthalt speisten.“[97]

Bleibt noch anzumerken, dass ein derart aufwendiger Lebensstil allein von der Pension eines Obristen, auf die Pfeiffer nach eigenen Angaben neben der Kriegsversehrtenrente ebenfalls jahrelang verzichtet hat, nicht im entferntesten zu bestreiten ist, zumal sich die Pflegekosten für seine Frau, nach Bernklaus Informationen, auf rund viertausend Mark pro Monat belaufen haben sollen. Demzufolge verfügte der Ritterkreuzträger über stattliche Geldquellen und Goldreserven, die ihm in der Nachkriegszeit ein fürstliches Leben ermöglichten. Nicht umsonst stellte die Generalstaatsanwaltschaft München am 15. Januar 1953 fest: „Der ehemalige Kommandeur der Gebirgsjägerschule Mittenwald, Oberst Franz Pfeiffer, ferner der ehemalige Adjutant des Reichministers Lammers, SS-Sturmbannführer Friedrich Josef Rauch, sowie die Gebrüder von Blücher haben Devisen unterschlagen oder gestohlen. Es ist wahrscheinlich, dass Franz Pfeiffer und Friedrich Josef Rauch ihre Auswanderung nach Argentinien [...] mit einem Teil dieser Devisen finanzierten."[98]

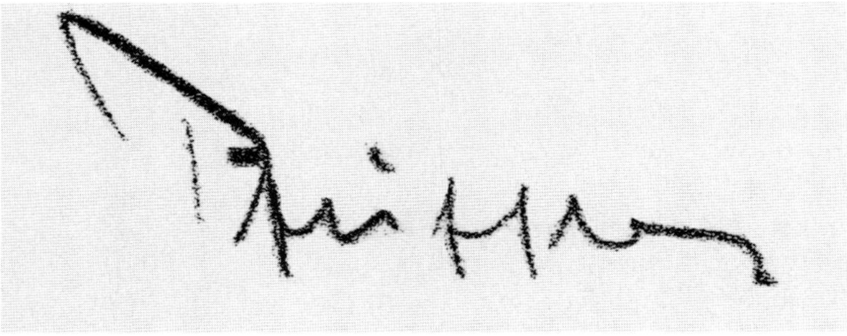

Orginalunterschrift von
Oberst Franz Pfeiffer.

Oberst Franz Pfeiffer

Geboren am 23. Oktober 1907 in München.
Verstorben am 20. November 1994 in München.

Letzte Dienststellung:
Kommandeur der Gebirgsjägerschule in Mittenwald.

Beförderungen:
Oberschütze am 1. November 1925
Gefreiter am 1. August 1928
Unteroffizier am 1. März 1929
Unterfeldwebel am 1. März 1931
Feldwebel am 1. Februar 1932
Leutnant am 1. September 1934
Oberleutnant am 2. Februar 1935
Hauptmann am 1. Januar 1938
Major am 15. Oktober 1941
Oberstleutnant am 8. August 1943
Oberst am 20. Februar 1944

Orden und Ehrenzeichen:
Heeresbergführerabzeichen am 1. April 1931
Dienstauszeichnung IV. Klasse am 2. Oktober 1936
Dienstauszeichnung III. Klasse am 1. November 1936
Medaille zur Erinnerung an den 13. März 1938 (Ostmark-Medaille)
Medaille zur Erinnerung an den 1. Oktober 1938 (Sudetenland-Medaille)
Eisernes Kreuz II. Klasse am 12. Oktober 1939
Eisernes Kreuz I. Klasse am 1. März 1940
Verwundetenabzeichen in Schwarz am 1. April 1940
Ritterkreuz des Eisernen Kreuzes am 13. Juni 1941
Infanteriesturmabzeichen in Silber am 1. September 1941
Bulgarischer Tapferkeitsorden IV. Klasse am 10. Juni 1942
Verwundetenabzeichen in Silber am 15. Oktober 1942
Deutsches Kreuz in Gold am 13. Dezember 1942
Ärmelband „Kreta“ am 31. Dezember 1942

Teilnahme an Feldzügen:
Einmarsch in Österreich 1938
Einmarsch in das Sudetenland 1938
Polenfeldzug 1939
Griechenlandfeldzug 1941
Russlandfeldzug 1941 bis 1943
Rückzugskämpfe auf dem Balkan 1943 bis 1944
Endkampf in der „Alpenfestung“ 1945

Nachwort

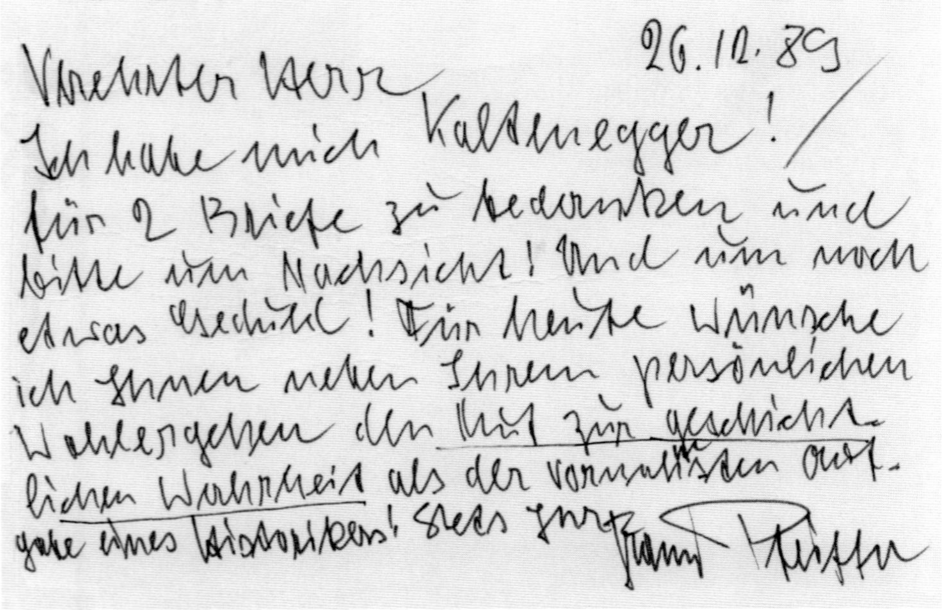
26.10.89
Verehrter Herr
Ich habe mich Kaltenegger!
für 2 Briefe zu bedanken und
bitte um Nachsicht! Und um noch
etwas Geduld! Für heute wünsche
ich Ihnen neben Ihrem persönlichen
Wohlergehen den Mut zur geschicht-
lichen Wahrheit als der vornehmsten Auf-
gabe eines Historikers! Stets Ihr
Franz Pfeiffer

Brief Franz Pfeiffers, in welchem er dem Autor dieses Werkes „den Mut zur geschichtlichen Wahrheit als der vornehmsten Aufgabe eines Historikers" wünscht.

Überaus bereichernd waren die vielen Hintergrundgespräche, die der Autor mit Oberst Franz Pfeiffer auf zahlreichen Treffen und Veranstaltungen der ehemaligen deutschen Gebirgstruppe oder der Ordensgemeinschaft der Ritterkreuzträger des Eisernen Kreuzes in der Sektion Oberbayern-München sowie in seinem Domizil mit südamerikanischem Ambiente im Nördlichen Schlossrondell des Nymphenburger Schlosses in München, das er mit einer schweren Eingangstür und zahlreichen Schlössern wie das amerikanische Fort Knox gesichert hatte, geführt hat.

Während sich der Ritterkreuzträger zu allen Fragestellungen hinsichtlich seiner Dienstzeit in der Reichswehr und Wehrmacht sowie zu seinen vielfältigen Einsätzen während des Zweiten Weltkrieges in den Reihen der deutschen Gebirgstruppe oder bei den Geheimkommandos der „Brandenburger" offenherzig äußerte und militärische Vorgänge aus seiner Sicht klar formulierte, bagatellisierte er seine bedeutungsvolle Rolle beim Transport und Versteck des Reichsbankschatzes vom Walchensee ganz bewusst mit einem verschmitzten Lächeln. Denn aufgrund von hieb- und stichfesten Quellen und Zeitzeugenaussagen sowie Niederschriften und Aktenvermerken spielte er beim Goldschatz der Nationalsozialisten eine viel bedeutendere Rolle, als er offen zugeben mochte – und auch konnte! –, um nicht noch Jahrzehnte später in einen handfesten Skandal verwickelt zu werden.

Dennoch wünschte Oberst Pfeiffer dem Autor bei seinen vielfältigen Recherchen wiederholt „den Mut zur geschichtlichen Wahrheit als der vornehmsten Aufgabe eines Historikers!" In diesem Sinne entstand somit auch diese zeitgeschichtliche Biografie als eine notwendige Ergänzung zum Werk des Autors über „Die ‚Alpenfestung'. Das letzte Bollwerk des Zweiten Weltkrieges", das ebenfalls vom Verlagshaus Würzburg in hervorragender Weise betreut wird.

Roland Kaltenegger
Kufstein/Tirol
im Frühjahr 2014

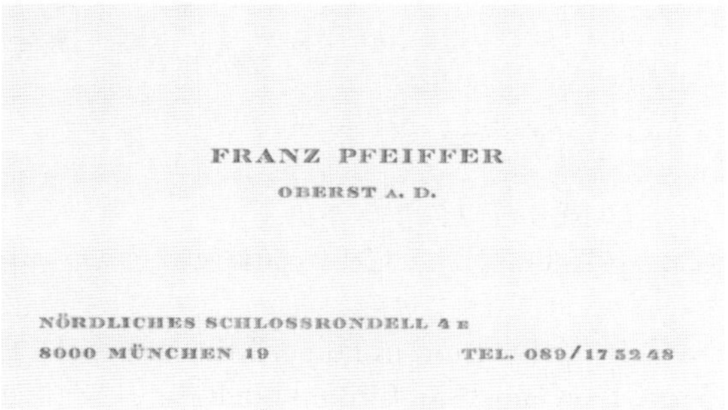

Visitenkarte von
Oberst a. D. Franz Pfeiffer.

Anmerkungen

[1] Der Text der Begründung für die Ritterkreuzverleihung wurde im „Reichenhaller Tagblatt“ unklar wiedergegeben. Statt der 11. gehörte Pfeiffer der 14. Kompanie an, was mit der Anzahl der vernichteten Bunker (10 + 1) verwechselt wurde.

[2] Kaltenegger, Roland: General der Gebirgstruppe Rudolf Konrad. Vom Kommandierenden General der Kaukasusfront zum Namenspatron der Bundeswehr. Würzburg 2012.

[3] Kaltenegger, Roland: Spezialverbände der Gebirgstruppe 1939-1945. Stuttgart 2004, S. 39ff.

[4] Seidel, Max: Wir tragen stolz das Edelweiß. Stuttgart 1941, S. 5.

[5] Kaltenegger, Roland: General der Gebirgstruppe Ludwig Kübler. Der Bauherr der deutschen Gebirgstruppe und seine Zeit. Würzburg 2011, S. 30ff.

[6] Deutsches Nachrichtenbüro. 15. März 1939.

[7] Kordt, Erich: Wahn und Wirklichkeit. Die Außenpolitik des Dritten Reiches. Versuch einer Darstellung. Hrsg. unter Mitwirkung von Karl Heinz Abshagen. 26.-50. Tsd. Stuttgart 1948. S. 146.

[8] Foertsch, Hermann: Schuld und Verhängnis. Stuttgart 1951. S. 178.

[9] Alpenkorps in Polen. Hrsg. von Major Manz im Auftrage des Generalkommandos XVIII. Armeekorps. Innsbruck 1940, S. 89f.

[10] Lanz, Hubert: Gebirgsjäger. Die 1. Gebirgsdivision 1935-1945. Bad Nauheim 1954, S. 52.

[11] Unsere bayerische Gebirgs-Division in Polen. München o. J., S. 6.

[12] Ringel, Julius: Hurra, die Gams! Ein Gedenkbuch für die Soldaten der 5. Gebirgsdivision. Bearb. von Fritz Weber. 8. Aufl. Graz, Stuttgart o. J., A. a. O.

[13] Ruef, Karl: Gebirgsjäger zwischen Kreta und Murmansk. Die Schicksale der 6. Gebirgsdivision. 3. Aufl. Graz, Stuttgart o. J., S. 175.

[14] Innsbrucker Nachrichten. Nr. 81 vom 25. April 1941.

[15] Kriegstagebuch des XXXXIX. Gebirgsarmeekorps aus dem Russlandfeldzug 1941. I. Teil, S. 3. [Militär- und Gebirgstruppenarchiv Kaltenegger]

[16] Die Berichte des Oberkommandos der Wehrmacht. 1939-1945. München, Köln 2004. Bd. 2, S. 108.

[17] Von Serbien bis Kreta. Erinnerungen vom Feldzug einer Armee im großen deutschen Freiheitskrieg. Hrsg. von einer Propagandakompanie. Athen 1941, S. 147.

[18] Weishäupl-Brief vom 13. August 1987 an den Verfasser.

[19] Die Gebirgstruppe. 1979, Nr. 4, S. 16ff.

[20] Hitlers Weisungen für die Kriegsführung 1939-1945. Dokumente des Oberkommandos der Wehrmacht. Hrsg. von Walther Hubatsch. Frankfurt am Main 1962, S. 84ff.

[21] Lanz, Hubert: Wie es zum Russlandfeldzug kam – und warum wir ihn verloren haben. München 1971, S. 57.
[22] Ringel: Hurra, die Gams! S. 215.
[23] Ruef, Karl: Odyssee einer Gebirgsdivision. Die 3. Gebirgsdivision im Einsatz. Graz, Stuttgart 1976, S. 229.
[24] Ringel: Hurra, Die Gams! S. 229.
[25] Bundesarchiv/Militärarchiv: RH 28-1/114.
[26] Kurowski, Franz: Deutsche Kommandotrupps 1939-1945. „Brandenburger" und Abwehr im weltweiten Einsatz. Bd. I. Stuttgart 2004, S. 173.
[27] Brockdorff, Werner: Geheimkommandos des Zweiten Weltkrieges. Geschichte und Einsätze der Brandenburger, der englischen COMMANDS und SAS-Einheiten, der amerikanischen Rangers und sowjetischer Geheimdienste. Eltville am Rhein 1983, S. 11.
[28] Kurowski, Franz: Deutsche Kommandotrupps 1939-1945, S. 173.
[29] Ebenda, S. 175ff.
[30] Ebenda, S. 183.
[31] Ebenda, S. 184f.
[32] Ebenda, S. 193.
[33] Bundesarchiv/Militärarchiv: RH 24-22/16.
[34] Kurowski, Franz: Deutsche Kommandotrupps 1939-1945, S. 194f.
[35] Ebenda, S. 197.
[36] Die Gebirgstruppe. 1988, H. 2, S. 12.
[37] Spaeter, Helmuth: Die Geschichte des Panzerkorps Großdeutschland. III. Bd. Duisburg 1958, S. 142f.
[38] Kurowski, Franz: Deutsche Kommandotrupps 1939-1945, S. 276f.
[39] Ebenda, S. 278f.
[40] Brockdorff: Geheimkommandos des Zweiten Weltkrieges, S. 313.
[41] Kurowski, Franz: Deutsche Geheimkommandos 1939-1945. Bd. 2, S. 279f.
[42] Ebenda, S. 281.
[43] Ebenda, S. 282.
[44] Ebenda, S. 283.
[45] Ebenda, S. 284.
[46] Kaltenegger, Roland: Oberst Ludwig Hörl. Als Gebirgsjäger an den Brennpunkten der Front in Ost und West. Würzburg 2013.
[47] Garmisch-Partenkirchner Tagblatt. Jg. 1985, Nr. 99, S. 5.
[48] Hallig, Christian: Festung Alpen – Hitlers letzter Wahn. Wie es wirklich war. Ein Erlebnisbericht. Freiburg im Breisgau 1989, S. 43f.
[49] Kaltenegger, Roland: Operation Alpenfestung. Mythos und Wirklichkeit. München 2000, S. 277.

[50] Minott, Rodney: Top Secret. Hitlers Alpenfestung. Tatsachenbericht über einen Mythos. Reinbek b. Hamburg 1967, S. 47f.
[51] Die Gebirgstruppe. Jg. 1993, Nr. 2, S. 28.
[52] Bader, Josef: Michl Pössinger. Lebensbilder eines Gebirgsjägers. Garmisch-Partenkirchen, Grainau 1997, S. 160.
[53] Garmisch-Partenkirchner Tagblatt. Jg. 1985, Nr. 99, S. 5.
[54] Hallig: Festung Alpen, S. 46ff.
[55] Ebenda, S. 55.
[56] Kaltenegger: Operation Alpenfestung, S. 282.
[57] Brückner, Joachim: Kriegsende in Bayern 1945. Der Wehrkreis VII und die Kämpfe zwischen Donau und Alpen. Freiburg im Breisgau 1987, S. 173.
[58] Kaltenegger: Operation Alpenfestung, S. 240ff.
[59] Süddeutsche Zeitung. 1998, Nr. 213, S. 11.
[60] Bernklau, Wolfgang: Aufzeichnungen und Kalendernotizen aus 1944/45, S. 1f. [Militär- und Gebirgstruppenarchiv Kaltenegger]
[61] Ebenda, S. 2.
[62] Pfeiffer, Franz: Aktenvermerk vom 25. Mai 1992, S. 3. [Militär- und Gebirgstruppenarchiv Kaltenegger]
[63] Hallig: Festung Alpen, S. 149.
[64] Schirach, Henriette von: Der Preis der Herrlichkeit. Erfahrene Zeitgeschichte. München 1979.
[65] Ebenda, a. a. O.
[66] Hallig: Festung Alpen, S. 144ff.
[67] Süddeutsche Zeitung. 1998, Nr. 213, S. 11.
[68] Bernklau-Brief vom 5. August 1992 an den Verfasser.
[69] Ostler, Reinhold: Auf Schatzsuche in Deutschland. Schätze die noch zu finden sind. 2. Aufl. Stuttgart 1999, S. 27.
[70] Welt am Sonntag. 1984, Nr. 11, S. 6.
[71] Ebenda, S. 6.
[72] Ebenda, S. 6.
[73] Ebenda, S. 6.
[74] Pfeiffer, Franz: Lebenslauf, S. 3. [Militär- und Gebirgstruppenarchiv Kaltenegger]
[75] Ebenda, S. 3.
[76] Ebenda, S. 3.
[77] Ebenda, S. 3f.
[78] Béthouart, Marie Émile Antoine: La bataille pour l'Autriche. Presses de la Cité. Paris 1966, S. 53ff.
[79] Pfeiffer: Lebenslauf, S. 4.
[80] Ebenda, S. 5.
[81] Ebenda, S. 5.

[82] Guderian-Brief vom 14. Februar 1951 an Pfeiffer.

[83] Schönwald, Matthias: Deutschland und Argentinien nach dem Zweiten Weltkrieg. Politische und wirtschaftliche Beziehungen und deutsche Auswanderung 1945-1955. Paderborn, München, Wien, Zürich 1998, S. 329f.

[84] Ebenda, S. 53.

[85] Ebenda, S. 255.

[86] Ebenda, S. 255f.

[87] Kaltenegger, Roland: Operation „Alpenfestung". Das letzte Geheimnis des „Dritten Reiches". München 2005, S. 383.

[88] Ebenda, S. 384.

[89] Der Spiegel. 1992, H. 7, S. 89.

[90] Pfeiffer: Lebenslauf.,S. 5.

[91] Schönwald: Deutschland und Argentinien nach dem Zweiten Weltkrieg. S. 23.

[92] Kaltenegger, Roland: Die deutsche Gebirgstruppe 1935-1945. München 1989, S. 418ff.

[93] Bernklau-Brief vom 23. November 1994 an den Verfasser, S. 2.

[94] Bernklau-Brief vom 4. März 1995 an den Verfasser.

[95] Aktenvermerk des Gesprächs mit Bernklau am 21. Juni 1995. [Militär- und Gebirgstruppenarchiv Kaltenegger]

[96] Ostler: Auf Schatzsuche in Deutschland, S. 31f.

[97] Ebenda, S. 32f.

[98] Jäger verlorener Schätze. Hrsg. Wolfgang Ebert. Hamburg 2001, S. 312f.

Roland Kaltenegger

Deutsche Gebirgsjäger im Zweiten Weltkrieg

364 Seiten, 286 S/W-Abbildungen,
Format 17 x 24 cm,
gebunden mit farbigem Überzug.

ISBN 978-3-8035-0005-2

€ 14,95 (D)/€ 15,40 (A)

Im Jahre 1935 schlug die Geburtsstunde der deutschen Gebirgstruppe des Zweiten Weltkriegs: Aus den wenigen Gebirgseinheiten des sogenannten 100.000-Mann-Heeres und aus bergerfahrenen Angehörigen der Bayrischen Landespolizei entstand die erste geschlossene Gebirgsbrigade, die 1938 zur Stammdivision der deutschen Gebirgstruppe erweitert wurde.

Bis 1945 stellte das Heer insgesamt elf Gebirgsdivisionen auf, darüber hinaus weitere selbstständige Bataillone und Verbände wie die Skijäger und Hochgebirgsbataillone.

Roland Kaltenegger schildert in dieser Dokumentation ihre Einsätze von 1939 bis 1945 in Fels und Eis. Die Gebirgsjäger kämpften meist unter härtesten klimatischen Bedingungen und an den Brennpunkten des Kriegsgeschehens: In Narvik, auf dem Balkan, auf Kreta, am Eismeer, im karelischen Urwald, im Hochkaukasus, in den Tundren Lapplands, am Monte Cassino und zuletzt in den winterlichen Westalpen.

Zahlreiche Fotos, Karten und Skizzen ergänzen dieses hochinteressante Kapitel deutscher Heeresgeschichte in dem Standartwerk „Deutsche Gebirgsjäger im Zweiten Weltkrieg“, das als Klassiker der Militärliteratur gilt.